그 사람은 말을
참 예쁘게 하더라

말 매력으로 완성하는 '대화의 에티켓!'

그 사람은 말을
참 예쁘게 하더라

지은이 김령아

펴낸이 이종록   펴낸곳 스마트비즈니스

등록번호 제 313-2005-00129호   등록일 2005년 6월 18일

주소 경기도 고양시 일산동구 정발산로 24, 웨스턴돔타워 T4-414호

전화 031-907-7093   팩스 031-907-7094

이메일 smartbiz@sbpub.net

인스타그램 smartbusiness_book

ISBN 979-11-6343-066-7   03190

초판 1쇄 발행 2024년 9월 28일

그 사람은 말을
참 예쁘게 하더라

말 매력으로 완성하는 '대화의 에티켓!'

— 김령아 지음 —

Sb
smart business

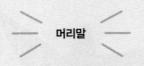

머리말

왼지 그 사람에게는 마음을 열고,
한없이 가까워지고 싶다!

왼지 그냥 싫은 사람이 있고, 아무 이유 없이 마냥 끌리는 사람이
있다. 말은 청산유수인데 신뢰가 가지 않는 사람이 있고, 말은 어눌
한데 신뢰가 가는 사람이 있다. 나를 알아달라고 온갖 몸짓으로 목소
리를 높이는 사람이 있고, 한 번의 눈빛과 말로 뇌리에 각인된 사람
이 있다.

전자는 새벽 2시에 걸려오는 전화처럼 피하고 싶고, 후자는 생일을
축하하는 아침 전화처럼 반갑다.

옷맵시가 좋은 사람들이 있다. 어떤 옷을 걸쳐도 그가 입으면 왼지

끌리고 호감이 간다. 옷맵시처럼 말맵시도 있다. 왠지 이유 없이 끌리고, 신뢰가 가고, 눈빛과 말이 뇌리에 오래 남는다. 이런 사람들이 말맵시가 좋은 사람들이다. 같은 말이어도 기분이 좋고, 함께하는 시간이 편하고, 그 사람에게 더 가까이 가고 싶다. 예쁜 말과 밝은 미소로 주위가 환하다.

말맵시는 옷맵시보다 더 어렵다. 옷맵시는 눈에 보이지만 말맵시는 눈에 보이지 않기 때문이다. 옷맵시를 위해 다이어트하고 최신 스타일을 눈여겨보는 것처럼, 말맵시를 익히기 위해서도 못지않은 노력들이 필요하다.

공감하고, 귀기울이고, 같은 표현이라도 조금 더 쉽고 예쁜 표현을 사용하려고 노력한다.

말맵시는 단시간에 이루어지지 않는다. 하지만 한 번 이 말맵시를 익히면 그 사람의 가치가 달라진다. 친구를 보면 그 사람이 어떤 사람인지 알듯이, 그 사람이 사용하는 대화의 품격이 곧 그의 인격을 보여준다.

나는 말이 아주 중요한 역할을 하는 현장에서 일한다. 금쪽같이 귀한 자녀들을 학원에 보낸 민감한 학부모와 끊임없이 소통한다. 꿈 많은 초등학생들과 사춘기에 진입한 질풍노도의 중학생들, 그리고 입시로 몸과 마음이 무거운 고등학생들을 상대해야 한다.

또한 이들을 함께 책임져 줄 직원들과도 끊임없이 소통하며, 그들의 마음 또한 헤아려야 한다. 대한민국의 사교육 시장, 즉 학원은 말한마디가 큰 풍파를 가져오는 곳이다.

때로는 할 말을 다 하지 못해 밤잠을 설치기도 하고, 때로는 의도와 다르게 말 한마디가 사건을 크게 부풀려 나 자신을 힘들게 하기도 했다. 그럴수록 어떻게 하면 강사들과 직원들에게 오해 없이 소통할 수 있을까 고민하며 전전긍긍했고, 불편하지만 해야 할 말을 기분 나쁘지 않게 전달하기 위해 애썼다.

말 한마디 때문에 그렇게까지 고민해야 하나 싶겠지만, 현장에서 일하다 보면 나와 같은 느낌을 받는 이들이 적지 않다. 하지만 이런 수고로움이 주는 장점들이 꽤 많다.

말 한마디도 허투루 내뱉지 않기에 내 말에는 가시가 없다. 둥글둥글하지만 가볍지 않다고들 한다. 방법을 알려달라는 이들도 꽤 있다. 그만큼 이제는 말맵시의 중요성을 알고 있는 사람들이 많아지고 있는 것 같다.

✦ ✦ ✦

말에는 값이 들어 있다. 어떤 말은 흔히 싼티가 난다. 하지만 어떤 말은 그 사람의 얼굴이 빛나 보일 정도로 품격이 있다. 어떤 말은 사람을 죽이고, 또 어떤 말은 사람을 살리기도 한다.

우리는 자신의 말을 잘 듣지 못한다. 내가 어떤 말로 상대에게 상처를 주고 있는지 돌아보려 하지 않고, 상대의 가시 돋친 반응에 의아해한다. 이 책을 통해 나의 말맵시부터 점검하는 작은 계기가 되었으면 한다.

특히 지금 이 책을 펼친 당신이 아이를 키우는 부모라면 더더욱 말맵시에 신경쓰기를 바란다. 아이들의 말은 부모의 말을 닮아 있다. 아이의 말이 자꾸만 거슬리고 신경이 쓰인다면, 먼저 부모의 말부터 점검해봐야 한다. 그래서 말로 인해 아이들이 오해받는 일이 없도록, 말로 인해 아이가 힘들어질 일이 없도록 부모부터 말 한마디에 노력을 기울이는 연습을 시작하길 바란다.

이 책을 읽고, '못난 말보다는 예쁜 말을, 질타보다는 칭찬을, 부정보다는 긍정의 태도를 가지고 대화했더라면 훨씬 더 알뜰하게 삶을 가꿨을 텐데!'라고 생각했으면 좋겠다. 당신이 과거로 돌아가서 바꿨으면 하는 가능성을 꿈꾼다는 건, 지금 얼마든지 달라질 수 있기 때문이다.

주변에 성공한 사람들을 둘러보면 말을 참 맛있고 예쁘게 한다. 그들의 말에는 힘이 있지만 가식이 없고, 무게감이 있지만 지루하지 않다. 그래서 그들의 말에 저절로 마음과 귀가 열린다. 말을 예쁘게 하면 삶이 부드럽고 즐거워진다. 독설이 가득한 시대에 살면서 예쁘게 말하는 능력이 있다는 것, 그것 하나만으로도 성공 유전자를 가지고 있는 것이다.

스피치 학원이 늘어나고 있지만, 스피치 능력과 말을 예쁘게 하는 능력은 또 다른 역량이다. 예쁜 말 한마디로 격을 높이고, 호감을 얻고, 관계가 좋아지는 일들이 참 많다. 하지만 안타깝게도 많은 사람이 이런 경험을 놓치고 있다. 그래서 이 책을 썼다. 단순한 것 같지만 어렵고, 복잡한 것 같지만 사실은 간단한 예쁜 말로 완성하는 '대화의 에티켓'을 알려주고 싶었다.

인생을 살면서 누구나 꿈꾸는 것이 버킷리스트Bucket list다. 버킷리스트는 살아가면서 꼭 해보고 싶은데 못 해본 것들 목록이다. 그중에서 현실성 없는 것 말고 노력하면 가능한 것들을, 생각만 하지 말고 하나씩 하나씩 해보는 것이다.

그런데 이와 반대되는 것이 있다. 바로 더킷리스트Duck it list다. 더킷리스트는 살면서 하고 싶지 않은데 억지로 하고 있는 것들이다. 그중에서 현실성 없는 것 말고 노력하면 가능한 것들을, 생각만 하지 말고 하나씩 하나씩 없애 가는 것이다.

무엇이 더 쉬울까? 바로 하고 싶은 것보다 하고 싶지 않은 것을 하나씩 없애는 것이다.

대화도 마찬가지다. 못난 말보다는 예쁜 말을, 질타보다는 칭찬을, 부정보다는 긍정의 태도를 갖는 것도 좋다. 하지만 그보다 현재 내가 쓰고 있는 못난 말, 나쁜 말, 질타, 부정적인 태도를 하나씩 버리는 것부터 시작해보자.

새로운 습관을 만드는 것보다 나쁜 습관을 버리는 것이 더 효율적이며 효과도 높다. 이 책을 읽으면서 스스로 내가 버려야 할 대화의 잘못된 습관을 찾아 하나씩 하나씩 버리는 계기가 되었으면 좋겠다.

책을 쓰느라 함께 시간을 보내주지 못해 많이 미안한 우리 아들딸에게 이 책을 바친다. 밤잠을 아끼고 휴식 시간도 반납하며 쓴 이 책이, 내 아이들게도 말맵시의 지침서가 될 수 있었으면 좋겠다. 말은 한 번 뱉으면 주워 담을 수 없기에 책임감 있게 해야 함을 깨우치길 바란다. 무엇보다 무게감이 있되 예쁜 말을 하고, 남의 말을 잘 경청하여 자신의 생각을 표현하기를 주저하지 않는 사람으로 이 세상에 빛나기를 바란다.

이 책을 접하는 모든 이들의 말에 예쁜 맵시가 깃들여지길 바라며, 항상 곁에 두고 되새기는 두 문장을 소개한다.

"물고기는 언제나 입으로 낚인다. 인간도 역시 입으로 걸린다."

탈무드에 나온 명언이다.

"말은 생각을 담는 그릇이다. 생각이 맑고 고요하면 말도 맑고 고요하게 나온다. 생각이 야비하거나 거칠면 말 또한 야비하고 거칠기 마련이다. 그러므로 그가 하는 말로써 그의 인품을 엿볼 수 있다. 그래서 말을 존재의 집이라 한다."

법정 스님의 말씀이다.

차례

당신의 예쁜 말이 당신을 빛나게 합니다

예쁜 말은 마음껏 탐내도 괜찮습니다

Chapter 1

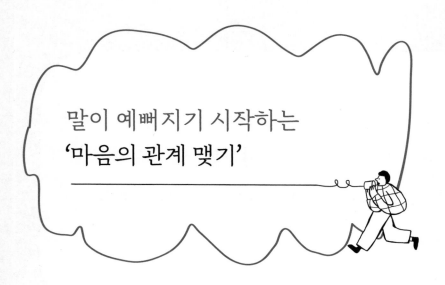

말이 예뻐지기 시작하는
'마음의 관계 맺기'

아랫집 아주머니가 병원으로 실려갈 때마다 형 지훈이는 어머니, 어머니 하며 울고 동생 지호는 엄마, 엄마 하고 운다. 그런데 그날은 형 지훈이가 엄마, 엄마 울었고 지호는 옆에서 형아, 형아 하고 울었다.

박준 시인의 〈연년생〉이라는 시다. 형제는 연년생이지만 형은 의젓하게 엄마를 어머니로 부르고, 동생은 어머니를 엄마라고 부른다. 그런데 '그날', 엄마가 돌아가시는 날에는 호칭이 달라진다. 형은 '어머니'를 '엄마'로 부르고, 동생은 엄마 대신 형을 부른다.
사람은 감당할 수 없는 상황에 처하면 어린애가 된다. 형이 부르는

'엄마'라는 말은 호칭이라기보다는 절규에 가깝다. 동생이 엄마 대신 부른 '형아'라는 말도 두려움의 울부짖음이다. 아이들은 어찌 살아갈까, 어머니는 어찌 눈을 감았을까.

어머니를 엄마로, 엄마 대신 형으로 바뀌는 말 한마디로 모든 것이 설명되고 소통된다. 말이 갖는 힘이다.

의사소통, 즉 커뮤니케이션Communication은 '가지고 있는 생각이나 뜻이 서로 통하는 것'을 의미한다. 여기서 마음을 소통하는 일이란 관계 맺기다. 대체로 말을 잘하는 사람들은 관계를 잘 맺는다. 그들은 관계 맺음을 통해 타인의 감정과 상황을 이해하고, 그에 알맞은 대화를 이어 간다. 마음의 관계 맺음 없이 말만 번지르르한 사람은 오래지 않아 티가 나고 들킨다.

그래서 언어 능력과 소통 능력은 조금 다른 영역이다. 언어 능력은 말 그대로 언어를 구사하고 활용하는 능력이다. 반면 소통 능력은 뜻이 서로 통하여 오해가 없게 하는 능력이다.

즉 소통 능력은 언어 능력을 갖춘 개인이 구사할 수 있는 보다 상위 개념의 기능이다. 보통 소통 능력이 좋은 사람은 언어 능력도 함께 좋다. 하지만 언어 능력이 좋다고 하여, 반드시 소통 능력이 함께 좋은 건 아니다. 오히려 소통 능력 없이 언어 능력만 좋아, 말로 상처를 주는 일이 주위에 흔하다.

아내 : 여보, 나 오늘 진짜 힘들었다.

남편 : 왜? 무슨 일 있었어?

아내 : 오늘 회사에서 정말 바쁜 날이었는데, 애들이 자꾸 전화 와서 학
      원에 가기 싫다고 떼를 쓰더라고. 일에 집중할 수 없어서 화를 냈
      는데, 내내 마음이 안 좋더라.

남편 : 회사일은 회사일이고, 애들은 그거랑 별개인데 당신이 감정 구분
      을 못했네.

아내 : 내가 지금 그 말을 하는 게 아니잖아.

남편 : 맞잖아. 당신이 오늘은 아마추어 같았네.

아내 : 그러는 당신이라면 어땠을 것 같은데!

남편 : 왜 화를 내고 그러냐, 조언을 해줘도 난리야.

어떻게 보면 남편의 말은 하나도 틀린 게 없다. 하지만 분명 소통
에는 문제가 있어 보인다. 먼저 상대방의 감정과 상황을 공감해주고,
그다음에 조언을 해줬더라면 이 대화는 더할 나위 없이 좋았을 것이
다. 하지만 남편은 소통이 아닌 언어를 나눴다. 이런 대화가 지속되
면 대화가 통하지 않는다고 느껴 갈등이 깊어진다. 남편은 대화만 하
면 화를 내는 아내가 이해되지 않고, 아내는 자기 속도 모르고 교과
서 같은 말만 하는 남편이 무정하다.

요즘 유행하는 MBTI의 T분석적, 객관적인 성향와 F공감적, 인간애적인 성향 구

분법이 있다. 다짜고짜 친구에게 "나 오늘 너무 속상해서 빵 사 먹었어."라고 이야기했을 때 상대방의 반응을 보는 것이다. 이때 "무슨 빵 사 먹었는데?"라고 상황에 집중하면 T 성향, "뭐 때문에 속상했는데?"라며 감정에 집중하면 F 성향이라고 한다.

무엇이 옳고 그름의 문제가 아니다. 상황을 논리적으로 판단하고 정리해주는 능력 또한 아주 중요하다. 다만 누군가와 진심으로 소통하길 원한다면 표면적인 말의 전달을 넘어, 그 순간 상대와 마음을 교류한다는 관점으로 접근해야 한다.

최근에는 기업에서 의사소통 능력을 인재의 핵심 역량으로 꼽는다. 기업은 소통을 통해 구성원 간의 갈등 요소를 줄이고, 그들 사이의 공감을 높이려고 노력한다. 소통과 공감을 통해 팀워크를 높이는 것이 생산성 향상과 깊은 관계가 있음이 밝혀지고 있기 때문이다. 기업에서 정의하고 있는 의사소통 역량을 표로 정리했다.

소통의 중심인 관계 맺기는 어떻게 가능할까? 관계 맺기를 위해서는 먼저 마음을 연결해야 한다. 마음을 연결하고 나면 대화의 결이 달라진다. 상대가 내 마음을 이해하고 있다는 생각이 들면, 상대의 생각이 나와 다르다고 할지라도 한결 넓은 마음으로 수용하게 된다. 무엇보다 마음을 연결하고 난 뒤에 따라오는 현실적인 조언이 무정하게 느껴지지 않는다.

역량명	의사소통(커뮤니케이션)
정의	상대의 기대나 욕구를 명확히 이해하고, 자신의 의사를 다양한 방식을 통해 명확히 표현하고 전달하며, 유관부서와의 원활한 의사소통을 위해 노력하는 정도.
행동 지표	• 적극적인 경청을 통해 상대방의 의사를 명확히 이해한 후 이에 따라 적절히 반응한다. • 상황에 따라 적절한 의사소통 채널을 활용하여 자신의 의견을 명확히 전달한다. • 적극적이고, 시의적절한 의사소통을 시도하며 상대방과 합의, 조정, 공감대 형성 등을 이끌어낸다. • 상대방에게 정보가 제대로 전달되었는지 이해 여부를 확인한다. • 듣는 사람의 수준에 맞도록 의사소통의 양과 형식을 조절한다.

출처 : 김포신문

아내 : 여보, 나 오늘 진짜 힘들었다.

남편 : 왜? 무슨 일 있었어?

아내 : 오늘 회사에서 정말 바쁜 날이었는데, 애들이 자꾸 전화 와서 학원에 가기 싫다고 떼를 쓰더라고. 일에 집중할 수 없어서 화를 냈는데, 내내 마음이 안 좋더라.

남편 : 아이고 회사일 하랴, 아이들 챙기랴 당신이 고생이 많아.

아내 : 애들한테 화를 낸 게 너무 미안하고 속상해.

남편 : 지금도 충분히 잘하고 있어. 그런데 우리 아이들한테는 감정은

쏟아내지 말자.

아내 : 응, 정말 그래야겠어.

남편 : 고마워, 힘내자.

남편이 아내의 진짜 마음을 들여다보기 시작하자, 아내의 반응이 달라졌다. 남편의 조언이 쓴소리로 들리지 않는다. 마음이 연결되었고 한편이 되었기 때문이다. 마음이 먼저 연결돼야 하는 이유다. 마음을 연결한다는 것은 상대에 대한 관심이 필요한 작업이다. 상대에게 관심을 가지고, 그 사람의 마음과 상황을 공감할 줄 알아야 진정한 소통이 가능하다.

실력은 정평이 나 있지만 엄마들 사이에서 호불호가 갈리는 의사 선생님이 있었다. 소문을 듣고 방문했다가 선생님의 말투에 상처받고 돌아서는 이들이 적잖았다. 이 의사 선생님은 시간을 칼같이 끊는 표현이 문제였다. 자녀들 걱정에 질문거리가 많은 엄마들에게 "시간 다 됐습니다. 밖에 사람 많이 기다리잖아요! 다음번에 다시 예약하고 오세요."라고 말하기 일쑤였다.

사람을 치유하는 의사 선생님이니, 의술에 앞서 사람의 마음을 먼저 읽어 주면 어땠을까? 만약에 "시간 다 됐습니다."라고 말하기보다 "걱정이 많으시죠? 그래서 자꾸 질문거리가 생기고요. 두세 번만 더 치료하면 충분히 나을 상황이니, 너무 걱정하지 않으셔도 됩니다. 아

쉽지만 시간이 다 되었네요. 그럼, 다음 진료 때 뵙겠습니다."라고 말했다면, 그렇게까지 상처받지는 않을 것이다.

> 직원 : 고객님 건조기를 계속 보고 계시던데, 제가 도와드릴 게 있을까요?
>
> 고객 : 아, 네. 그냥 좀 볼게요.
>
> 직원 : 요새 장마철이라 빨래가 잘 안 마르니, 여간 불편한 일이 아니죠?
>
> 고객 : 맞아요. 빨래가 하루라도 밀리는 날엔…… 에휴.
>
> 직원 : 요즘 같은 날씨엔 정말 건조기가 꼭 필요한데, 저는 금액 때문에 많이 망설였어요.
>
> 고객 : 맞아요, 저도 그래서 고민만 하고 있네요.
>
> 직원 : 마침 프로모션 기간이라 할인이 많이 된 상품이 있는데, 한 번 보여드려도 될까요?
>
> 고객 : 그런 게 있어요? 어디 한 번 보여주세요.

어떤 영업이든지 우선적으로 해야 할 일은 한 번도 만난 적 없는 상대방과 관계 맺기다. 고객이 어떤 마음으로 이곳으로 오게 되었는지, 상품을 주저하는 이유가 무엇인지, 이 상품이 고객에게는 어떤 필요가 있는지, 마음의 관계 맺기를 통해 충분히 공감해야 고객의 니즈를 캐치할 수 있다. 그래야 고객의 가려운 곳을 긁어 주는 제안을 할 수 있고, 영업을 성공으로 이끌 수 있다.

대화에는 세 가지 스타일이 있다. ① 자기 이야기만 한다. ② 상대의 이야기를 듣고 자기 이야기만 한다. ③ 상대방의 이야기를 듣고 상대와 이야기한다.

가장 최악의 대화법은 ①이고, 우리가 추구해야 하는 대화법은 ③이다. ③의 대화법을 하려면, 사람의 마음을 움직이고 따듯하게 하는 진심이 필요하다. **그러기 위해서는 잘 들어야 하고, 잘 느껴야 한다. 말만 통하는 게 아니라 마음이 통해야 한다.** 그래야 비로소 깊은 대화가 가능하다.

삶에 정답이 있을 수 있을까? 옳다고 생각하는 내 기준도 다른 사람의 시각에서는 그를 수 있다. 그러니 먼저 나의 마음을 열고, 그들의 상황과 기분을 이해하려고 노력하자. 마음의 관계 맺음 없이 말만 번지르르한 달변가가 아닌, 마음으로 소통하는 사람이 되길 바란다. 그러면 대화 때문에 고민할 필요가 없다.

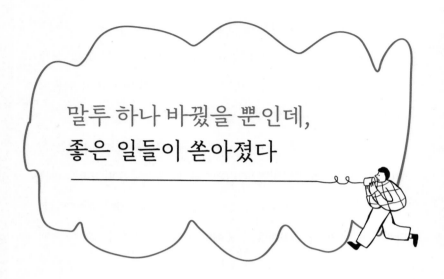

말투 하나 바꿨을 뿐인데, 좋은 일들이 쏟아졌다

같은 말이라도 하는 사람에 따라 결과가 달라진다. 말을 잘하고 못하고의 차이보다는 말투의 차이가 크다. 어떤 사람의 말은 들을수록 상처가 된다. 반면 어떤 사람의 말은 들을수록 빠져들게 된다. 우리는 상대방의 말투로, 그 사람이 어떤 사람인지 미루어 짐작한다. 말투는 정작 자신은 잘 모르는데 타인은 잘 안다.

누구에게나 특유의 '말투'가 있다. 어린이도 알 수 있게 쉬운 말로 하는 사람이 있고, 고사성어나 어려운 용어를 섞어 쓰는 사람도 있다. 빠르게 말하는 사람이 있고, 느릿느릿 말하는 사람도 있다. 다정하게 말하는 사람이 있고, 불량스럽게 말하는 사람도 있다.

요점만 말하는 사람이 있는가 하면, 한 번 시작하면 10분 이상 떠들어야 하는 사람도 있다. 싫은 것을 분명히 말하는 사람이 있고, 말 끝을 흐리는 사람도 있다. 논리적으로 말하는 사람이 있고, 이 얘기 저 얘기 왔다갔다하다가 제자리로 돌아오는 사람도 있다.

말투는 상대방에 대한 배려를 고스란히 담고 있다. 나 중심으로 말하는 사람의 말투는 다소 거칠고 차갑다. 하지만 상대를 중심으로 말하는 사람의 말투는 부드럽고 따뜻하다. 내 말이 전달되었을 때 상대의 기분을 고려하기 때문이다.

내 의견을 잘 전달하고 싶다면, 내 의도대로 상황을 잘 이끌고 싶다면 말투를 먼저 점검해보자.

다음 부부의 대화를 비교해보자.

아내 : 여보, 저 단독주택 정말 예쁘다. 우리도 저런 집 살래?

남편 : 사! 근데 당신 돈 있어?

아내 : …….

남편 : 쓸데없는 소리 말고, 일단 돈부터 많이 벌어.

아내 : …….

아내 : 여보, 저 단독주택 정말 예쁘다. 우리도 저런 집 살래?

남편 : 그래! 우리도 나중에 꼭 저런 집에서 살아보자.

아내 : 그래! 열심히 일해서 돈부터 벌어야겠다.

남편 : 힘내자, 우리.

똑같은 말이라도 어떻게 하느냐에 따라 느낌이 다르다. 어떤 사람은 좋은 말투로 상대방의 기분을 좋게 한다. 반면 어떤 사람은 말 한마디로 그동안의 점수를 다 깎아내린다.

위 사례에서 아내는 남편과 공감대를 형성하고 싶었을 것이다. 하지만 남편의 말투에 따라 대화가 이르는 종착점은 달라졌다. 첫 번째 대화는 아내가 더 이상 말하고 싶지 않을 것이다. 희망이 없는 채로 끝나 버렸다. 하지만 두 번째 대화는 함께 열심히 일해야 할 공동의 목표가 생겼다. 새로운 희망이 생겨난 것이다.

워싱턴 대학 심리학자 존 가트맨 교수는 30년 이상 행복한 부부와 이혼하는 부부 3,000쌍 이상을 연구했다. 연구 결과 이 부부들의 대화법에 차이가 있음을 밝혀냈다.

행복한 부부는 부정적인 말을 한 번 했다면 이를 덮을 수 있는 긍정의 말을 다섯 번 이상했다. 반면 이혼한 부부는 서로를 향한 부정적인 말의 비율이 압도적으로 높았다. 또한 가트맨 교수는 이혼한 부부에게서 '여섯 가지 신호'를 발견했다. 대부분 말에서 비롯된 것들이다.

① 좋지 않은 첫마디로 대화를 시작한다.

② 상대방을 비난하거나 모욕하고, 자기변호를 일삼는다.

③ 배우자에게 불평하거나 핑계를 자주 댄다.

④ 상대방에게 좋지 않은 몸짓을 보낸다.

⑤ 회복을 시도하나 자주 실패한다.

⑥ 과거를 회상할 때 나쁜 기억만 떠올린다.

행복한 부부에게서 나타나는 긍정의 말은 요청, 인정, 호감, 존중 표현, 먼저 말걸기와 같은 것들이었다. 그리고 부정적인 말은 비난, 부정, 경멸, 무시하기, 끝까지 말 안 하기와 같은 것들이었다. 즉 이들 부부간 중요한 차이는 대화의 내용보다 그들이 주고받는 대화의 긍정성, 말투에 있었다.

말투는 화자의 성격에서 비롯된다고 생각하는 사람들이 많다. 그래서 말투를 지적하면 "내 성격이 그런 걸 어쩌라고, 지금껏 이렇게 살아왔는데 어떻게 고치냐!"라며 반발한다.

하지만 **말투는 화자의 성격이 아니다. 말투는 화자의 습관이다.** 습관은 노력으로 고쳐질 수 있다. 말투 하나로 눈앞에서 10억이 움직일 수 있는 상황이라면, 그깟 말투 하나 예쁘게 하는 게 힘든 일은 아닐 것이다. 내 말이 상대방에게 어떻게 들릴지를 생각하면 쉽다.

사원 : 대리님, 제 업무의 범위를 명확히 알고 싶습니다.

대리 : 그냥 하면 되지 왜?

사원 : 대리님의 영역을 침범하면 안 될 것 같아서요.

대리 : 내가 이 일에 손댈 것 같으면, 애초에 이 업무를 너한테 줬겠어.
그냥 내가 하지.

사원 : 그럼 이 업무는 제가 혼자 다하면 될까요?

대리 : 당연한 걸 뭘 물어.

위 사례의 말투를 조금 바꿔서 말해보자.

사원 : 대리님, 제 업무의 범위를 명확히 알고 싶습니다.

대리 : 업무의 범위를 명확히 하고 싶은 이유가 있나?

사원 : 네, 대리님의 영역을 침범하면 안 될 것 같아서요.

대리 : 이 업무는 ○○씨에게 주어진 일이야. 어려운 점이 있다면 나에
게 도움을 요청하면 돼.

사원 : 네, 그럼 온전히 제 업무라고 생각하고 최선을 다해보겠습니다.

대리 : 그래, 수고해줘.

상사의 말투에 따라 사원의 업무를 향한 사기에는 많은 차이가 있
다. 말로 천 냥 빚을 갚는가 하면, 세 치 혀로 사람을 죽인다. 말은 어

떻게 전달되느냐에 따라 전혀 다른 결과를 가져올 수 있다. 말은 그 내용보다 말투에 의해 결과가 좌우되는 경우가 많다. 그러니 예쁘게 말하도록 노력하자.

집을 매수하려는 A의 사례다. A는 몇몇 집을 돌아보며 꼼꼼히 비교하는 중이었다. 그러던 중 첫눈에 마음을 확 뺏긴 집이 있었다. 집 관리를 잘해놓아서 수리할 것도 별로 없어 보였고, 집 근처 인프라도 잘 구성되어 있었다. 단 한 가지 주저하게 되는 점이 있다면, 시세보다 이천만 원 비싼 가격이었다. A는 매매 가격을 협상해줄 수 있는지 매도인의 의향을 물었다. 그러자 매도인은 대답했다.

"살다 보면 주변 시세보다 이천만 원이 비싼 이유를 알게 되실 거예요. 몇몇 집을 이미 비교해보셔서 아시겠지만, 위치나 집 상태가 좋아서 이천만 원 이상의 값을 해요. 무엇보다 이 집은 복이 많은 집이에요. 저는 이 집에 이사 와서 사업이 번창하기 시작했어요. 그리고 그렇게 안 생기던 아이도 가졌답니다. 아마 사장님도 이 집에서 돈 많이 버시고, 좋은 일이 많이 생기실 거예요."

주저하던 A는 마음이 사르르 녹는 듯했다. 그리고 기분 좋게 그 집을 매수했다. 매도인은 예쁜 말로 이천만 원을 벌었고, 매수인은 기분 좋게 이천만 원을 기꺼이 지불했다. 같은 말이라도 어떤 방식으로 말하느냐에 따라 듣는 사람의 기분은 달라진다.

그래서 때로는 말투 하나 바꿨을 뿐인데, 정해진 결과가 바뀌기도 한다. 욕을 퍼부을 마음으로 전화를 건 민원인의 마음을 돌릴 수도 있고, 어느 정도 결론을 내린 클라이언트의 결정을 내 의도대로 흔들 수도 있다.

평소에 영업을 잘하는 사람, 혹은 말을 잘하는 사람을 떠올려보자. 그 사람의 말투가 어떠한가. 자기가 하고 싶은 말을 편한 대로 내뱉는 사람인가? 그렇지 않을 것이다. 상대의 마음을 흔드는 사람들의 말투는 들을수록 기분 좋다. 그들은 본인이 하고 싶은 말을 다하는 것 같은데도 기분 나쁘지 않다.

예쁘게 말하고 싶고 말투를 바꾸고 싶은데 방법을 모른다면, 다음의 사항들을 염두에 두고 말해보자.

① 상대의 말끝을 자르지 않는다.

② 대화의 결론을 단정 짓지 않는다.

③ 상대를 평가하기보다는 인정한다.

④ 같은 표현이라면 조금 더 예쁜 표현을 사용한다.

⑤ 화난 상태에서는 최대한 말을 줄인다.

⑥ 내 생각이 옳다는 아집을 버린다.

⑦ 비난, 야유와 같은 부정적인 리액션은 하지 않는다.

⑧ 상대를 이해하고 응원하는 표현을 많이 한다.

이 모든 사항의 공통점은 마음의 중심이 상대에게 있다는 점이다. 마음의 중심이 나에게 있는 사람은 상대가 보이지 않는다. 그래서 내 말투가 상대에게 상처 주고 있다는 사실을 깨닫지 못한다. 상대를 마음의 중심에 둘 때, 상대를 배려하려는 마음가짐이 있을 때 자연스럽게 예쁜 말투가 나온다.

말할 때마다 위 사항들을 하나하나 다 떠올릴 수는 없다. 그럴 땐 단 하나만 기억하자. 내 말을 듣는 상대의 기분이 어떨까.

필립 체스터필드의 《내 아들아 너는 인생을 이렇게 살아라》에 이런 구절이 나온다.

"너도 어느덧 커서 이제는 자기주장을 펼 줄 아는 아이가 되었구나. 네가 자기주장을 가질 정도가 되었다면 주장을 남에게 표현할 줄도 알아야 한다. 사람들은 그것을 대화라고 하지. 그렇다면 어떻게 해야 말을 잘할 수 있을까? 네가 하고 싶은 이야기를 꾸밈없이 사실 그대로 전하는 것이 말을 잘하는 것일까? 그건 아니란다. 다른 사람의 맘을 붙잡기 위한 말하기는 또렷하고 정확하며 힘찬 말투로, 얼굴 표정이나 몸짓 등을 적절히 사용하여 말하는 것이란다. 그렇다고 일부러 부풀려서 말하라는 것은 아니야. 단지 말을 듣는 사람이 쉽게 이해하고, 네 말에 집중할 수 있도록 하는 것이 중요하단다. 책을 읽다가 좋은 말이 나오면 그것을 기억해뒀다가 대화에 이용하는 것도 좋은 말하기 방법이란다. 이때 그 말을 그대로 이용하기보다는 너만의 말투로 바꾸어 말해야 한단다. 그래야 진짜 자기만의 말하기 방법이 될 테니까."

할 말은 하되 상대가 기분 나쁘지 않게 말하는 사람들을 본 적이 있을 것이다. 그 사람들의 말투를 상기해보자. 화내지 않고 조곤조곤 말한다. 그리고 상대를 배려한 단어를 사용한다. 말투는 사용하는 단어에 따라서도 달라진다. 예쁜 단어를 사용하는 사람의 말투가 거칠 수 없다.

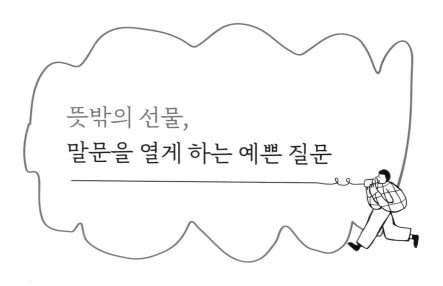

뜻밖의 선물,
말문을 열게 하는 예쁜 질문

영국 빅토리아 여왕 시대의 정치가인 베냐민 디즈레일리는 문학적 재주도 뛰어나 많은 소설을 썼다. 또 여러 계층의 여성들에게서 인기가 높았다고 한다.

디즈레일리는 단순히 여성들에게 인기가 있었을 뿐만 아니라, 그것을 자신의 인생에서 매우 유효적절하게 이용했다. 디즈레일리가 정치가가 될 수 있었던 것은 상류 계급 미망인의 후원이 있었기 때문이다. 또한 빅토리아 여왕의 신임이 두터워서, 재상의 지위도 안정적일 수 있었다.

디즈레일리가 말하는 '여자를 잘 구슬리는' 비결이란 의외로 간단했다.

"사람들에게 호감을 느끼게 하는 방법은 간단합니다. 다른 사람의 말을 열심히 듣는 겁니다."

질문은 말하기 Speaking**가 아닌, 듣기**Listening**의 영역이다.** 그것도 적극적인 듣기의 한 영역이다. 적절한 질문은 상대의 대화에 흥미를 느끼고 참여하고 있다는 표현이다. 그리고 적절한 질문으로 그 대화를 내가 원하는 방향으로 이끌어갈 수도 있다. 그것을 가능하게 하는 것이 듣기다.

학원 초창기에 나의 상담은 주로 나의 말이 90%를 차지했다. 학원이 얼마나 좋은지, 얼마나 좋은 커리큘럼을 가지고 있는지, 아이에게 줄 수 있는 비전이 무엇인지 등등 알려 주고 싶은 것들이 너무 많았다. 어떨 때는 상담 시간이 모자랄 지경이었다.

하지만 현재 나의 상담 모습은 과거와는 많이 다르다. 일단 질문을 던짐으로써 학부모와 아이의 가려운 부분을 찾아내는 데 초점을 둔다. 내 이야기보다는 질문하고 듣는 비율이 70%를 넘는다. 상담 만족도는 훨씬 커졌고, 상담 후 입회율은 90%를 상회한다.

은행원이 고객에게 신용카드를 권유하는 상황이라고 가정해보자.

은행원 : 고객님, 요새 거래 내역을 보니 카드 사용이 많으시네요?

고객 : 네 맞아요. 요새는 현금 거래를 잘 하지 않잖아요.

은행원 : 그렇죠? 고객님은 주로 카드를 어디에 쓰시는 것 같아요?

고객 : 주로 주유할 때랑 마트에서 자주 사용하죠. 아무래도 아이가 있으니 학원비도 쓰고요.

은행원 : 주유, 마트, 학원비 할인에 특화된 카드가 있는데, 내용 한 번 보여드릴까요?

고객 : 그런 게 있어요? 한 번 보여주세요.

약국에서 처방된 약 외에 영양제를 권유하는 상황에서는 어떻게 말할 수 있을까?

약사 : ○○님, 장이 약하신지 늘 장과 관련된 약을 처방받으시네요.

환자 : 맞아요. 소화가 잘 안 되서, 조금만 먹어도 화장실을 들락거려요.

약사 : 평소 식습관이 어떻게 되세요?

환자 : 일이 바빠서 그냥 대충 챙겨 먹어요.

약사 : 변 상태도 나쁘시겠네요?

환자 : 맞아요. 그래서 늘 불안해요. 약을 먹어도 그때뿐이고요.

약사 : 그렇죠, 혹시 유산균은 꾸준히 섭취해보셨어요?

환자 : 유산균을 먹으면 좀 나아지나요? 그 생각은 못해봤네요?

약사 : 하나 소개해드릴까요? 드셔보시겠어요?

이처럼 질문은 상대방의 생각과 욕구를 정확하게 파악할 수 있게 해준다. 또한 질문을 통해 상대방의 욕구에 부합하는 뾰족한 해답을 제시해줄 수 있다.

하지만 질문도 예의 바르게 해야 한다. 내 마음만 앞서서 상대방에게 거부감을 줘서는 안 된다. 위의 대화에서 만약 은행원이 "고객님, 카드 좋은 거 하나 소개해드릴까요?"라고 무작정 의도가 보이게 질문했다면 어땠을까? 만약 약사가 "장이 안 좋으신 것 같은데 유산균 드셔보실래요?"라고 질문했다면 환자는 어떤 느낌이었을까?

질문은 그 내용도 중요하지만, 질문하는 태도 또한 매우 중요하다. **질문할 때 기억해야 할 첫 번째 공식은 "~이지만 ~인가요?"라는 질문 구조다.** 이 구조를 따르면 예의 바르게 질문할 수 있다.

〈아이유의 집콕시그널〉에서 아이유가 자신의 노래 17곡을 작사한 김이나에게 질문한다.

"이런 질문 너무 어렵지만, 17곡 중에서 가장 좋은 한 구절을 꼽는다면요?"

'너무 어렵지만'이라는 전제에서 상대를 배려함이 느껴진다. 한 곡 한 곡 주옥같은 곡이기에 쉽게 답변하기 힘들 것 같다는 존중의 마음이 예쁘다. 그렇기에 답변하는 사람도 상대적으로 기분 좋게 대답할 수 있다. 이날 작사가 김이나는 그 어떤 곡을 꼽더라도 Top 중의 Top을 고른 느낌을 받았을 것이다.

질문할 때 기억해야 할 **두 번째 공식은 활짝 열린 질문이 아닌, '반 쯤 열린 질문을 해야 한다'는 것이다.**

예를 들면 다음과 같다.

> 활짝 열린 질문 : 요즘 사업은 잘 되십니까?
>
> 반쯤 열린 질문 : 작년 이맘때와 비교해봤을 때, 올해 사업은 좀 어떻습
> 니까?

활짝 열린 질문은 상대가 답변하기에 막연하다. 혹은 너무 당연하고 틀에 박힌 답변이 나올 가능성이 높다. "늘 그렇죠, 뭐."와 같이 말이다. 하지만 반쯤 열린 질문은 상대방이 답변하기 전 깊이 생각해보게 한다. '작년에는 어땠지? 그럼 올해와 비교해봤을 때 나의 현재 상황은 어떻지?'라고 말이다.

빌 게이츠의 질문 중에 이 공식이 잘 적용된 질문이 있다.

> 빌 게이츠 : 당신은 정식 교육을 거의 받지 못했는데, 브리검 영 대학에
> 입학했어요. 그러니까 대수학도 공부한 겁니다. 어떻게 그
> 게 가능했죠?
>
> 웨스트오버 : 나는 교육이 뭔지도 몰랐어요. 교실에 발을 들인 적도 없
> 죠. 하지만 나는 노래 부르기를 아주 좋아했어요. 나는 대

학에 가서 노래 부르는 방법을 배울 생각에 사로잡혔어요.

대수학은 그걸 위해 해야 하는 일 중 하나였고요.

빌 게이츠는 "어떻게 공부했나요?"라고 활짝 열린 질문을 하지 않았다. 빌 게이츠는 질문의 문을 반만 열었다. 질문을 대수학 하나에 집중한 것이다. 그로 인해 타라 웨스트오버는 뻔하지 않은, 좀 더 흥미진진한 답변을 할 수 있었다.

우리는 질문을 통해 상대와의 대화를 적극적으로 이끌어갈 수 있다. 나의 판단으로 상대방의 의도를 지레짐작하는 오류를 범하지 않으려면 적절한 질문은 필수다.

하지만 질문은 상대의 세계에 발을 들여놓는 침범의 행위다. 그렇기에 질문은 정중하고 조심스러워야 한다. 그 조심스러움이 상대에게 느껴지면 성공이다. 그래야 상대의 마음속으로 제대로 들어갈 수 있다. 예의 바르고 현명한 질문으로 대화의 주도권을 가질 수 있음을 명심하자.

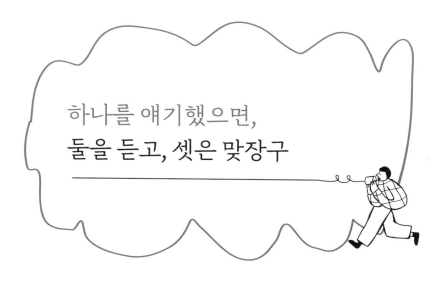

하나를 얘기했으면,
둘을 듣고, 셋은 맞장구

우스개 이야기가 하나 있다. 어떤 한국 사람이 미국으로 이민을 가서 여러 어려움을 겪다가 갖게 된 직업이 심리 상담사라고 한다. 상담을 받으러 온 미국 사람들의 이야기를 제대로 듣지도 말하지도 못하는데 말이다.

그런데 뜻밖에도 얼마 지나지 않아, 이 한국 사람이 운영하는 심리 상담소는 인근에서 가장 유명한 상담소가 되었다. 어떻게 그런 일이 가능했을까?

답은 이렇다. 말을 제대로 못하니 상대의 이야기와 함께 표정이나 제스처 등에 주목하고, 짧은 영어이니 길게는 말하지 못하고 가끔 '리

얼리? 오! 예! 으흥!' 등의 호응을 해주는 것이 전부였다.

그런데 상담을 마친 후 사람들의 반응이 뜻밖이었다. 그동안의 스트레스와 문제가 속시원하게 해결되었고, 자기 말을 그렇게 잘 들어주고 호응해주는 상담사는 처음 보았다며 입소문을 낸 것이다. 맞장구의 힘이다.

국어사전에서 맞장구는 남의 말에 덩달아 호응하거나 동의하는 일이라고 정의하고 있다. 장구는 혼자 치는 것보다 함께 쳐야 흥이 나고 신명난다.

대화도 마찬가지다. 혼자서만 줄기차게 말하는 대화는 재미가 없다. 상대가 나의 말에 적절히 공감해주고 추임새를 넣어 줘야 말하는 사람이 신난다. 쿵하면 짝하는 대화, 대화에는 적절한 공감으로 맞장구쳐야 한다. 그것이 호감 가는 대화다.

그래서 모든 대화의 전문가들이 강조하는 가장 중요한 대화의 법칙이 '1 : 2 : 3의 법칙'이다. **하나를 얘기했으면, 둘을 듣고, 셋은 맞장구쳐라.** 사람들이 많이 모이는 장소에서도 매번 깨닫는 진리는 별거 아니다. 자기 말을 많이 하는 사람보다 들어주고 맞장구치는 사람 쪽에 더 후한 점수를 주게 된다는 사실이다.

A : 오는 길에 차가 너무 막히길래 봤더니 사고가 났더라고요.

B : 네…….

A : 운전할 때 더 신경써야겠어요.

B : 네…….

A : 오는 길에 차가 너무 막히길래 봤더니 사고가 났더라고요.

B : 정말요? 어떡해. 사람이 다치지 않았으면 좋겠네요.

A : 운전할 때 더 신경써야겠어요.

B : 맞아요. 정말 조심 또 조심이에요.

　후자의 대화에서 B는 나를 존중하고, 나의 이야기에 귀기울이고 있다는 느낌이 든다. 그래서 이야기할 맛이 난다.

　맞장구는 이야기의 윤활유 역할을 한다. 대화가 끊이지 않게 해주고, 신명나게 한다. 맞장구는 어려운 일이 아니다. 추임새만 적절히 넣어 줘도 대화는 충분히 흥이 난다. 상대방이 말하고 싶게 만드는 것, 그것이 바로 맞장구의 핵심이다.

　대화에서 경청의 중요성은 아무리 강조해도 지나치지 않다. 여기서 적극적인 경청의 방법 중 하나가 바로 맞장구다. 맞장구는 '나는 너의 이야기에 관심이 있어, 나는 너의 이야기를 경청해서 듣고 있어'라는 메시지를 주는 행위다. 이런 맞장구의 표현도 상황에 따라 여러 가지를 사용할 수 있다.

〈너의 이야기에 공감해!〉

첫 번째는 긍정의 공감 표현이다. 즉 상대가 이야기를 이어 갈 수 있게 만드는 일종의 리액션이다.

정말? / 진짜? / 그래서? / 그래그래! / 웬일이래! / 별일이다 / 그랬겠다 / 그렇겠다 / 그렇지 / 그럴 수 있지 / 어쩌면 좋아 / 맞아 맞아 / 그렇구나 / 그치 / 내 말이 / 멋지다!

〈슬퍼하지 마, 널 이해해!〉

두 번째는 상대방의 슬픔에 공감하는 표현들이다.

그런 일이 있었군요 / 어쩌면 좋아 / 괜찮아? / 괜찮아, 잘했어 / 잘될 거야 / 저런, 어떡해 / 나라도 그랬을 거야 / 나라도 화났겠다 / 넌 충분히 잘했어 / 화나는 게 당연해!

〈계속 이야기해줘, 너무 궁금해!〉

세 번째는 상대의 이야기를 재촉하는 표현들이다. 이 표현은 상대가 신나서 이야기하게 만든다.

그래서? / 어떻게 됐어? / 내가 그럴 줄 알았어 / 대단하다 / 미쳤다, 미쳤어 / 뭐라고? / 그게 무슨 말이야? / 믿을 수 없어 / 그런 일이 있다고? / 내가 지금 들은 게 맞아?

맞장구는 적절히 잘 활용하면 상대를 내 의도대로 유도할 수도 있다. 미국 노스캐롤라이나 대학의 체스터 인스코 박사는 재미있는 실험을 했다. 그는 175명의 학생을 무작위로 뽑아 그들에게 전화를 걸었다. 이때 대화하는 도중 학생이 자기 마음에 드는 이야기를 하면 "대단해." "정말?"과 같은 긍정의 맞장구를 쳤고, 마음에 들지 않는 이야기를 하면 "음."과 같은 부정적인 맞장구를 쳤다.

그러자 부정적인 맞장구를 들은 학생들이 점차 박사의 긍정적 반응에 맞춰 이야기하기 시작했다. 이처럼 맞장구를 잘 활용하면 상대가 자신이 원하는 방향으로 말하도록 유도할 수도 있다. 이는 협상이나 토론에서 생각과 입장이 다른 사람과 대화할 때 적용할 수 있다.

진화심리학자인 로빈 던바 교수는 맞장구는 침팬지의 그루밍과 유사하다고 했다. 침팬지 사회에서 서로의 털을 손질해주는 그루밍은 친밀감을 높이기 위한 행위다. 그리고 그것은 그룹에서 따돌림을 당하지 않기 위한 행위다.

즉 인간의 맞장구와 침팬지의 그루밍은 생존을 위한 행위라는 것이다. 친밀감과 동질감을 느끼고, 그룹에서 소외당하지 않기 위한 맞장구! 그렇기 때문에 체스터 인스코 박사의 실험처럼 상대의 긍정적인 맞장구에 유도되는 것일지도 모른다.

그런데 맞장구에도 결이 있다. 회사에서 속상한 일이 있다는 친구에게 "그만한 일로 힘들다고 하면 안 돼. 직장도 못 구해서 힘들어하는 사람도 있어."라고 한다면 친구는 입을 닫을 것이다.

이처럼 모든 맞장구가 호감 있는 대화로 이끌어 주는 것은 아니다. 잘못된 맞장구도 많다. 잘못된 맞장구는 상대방에게 무시나 거절의 느낌으로 다가간다. 맞장구칠 때 주의해야 할 표현을 알아보자.

〈무의미한 자기 비하〉

A : 아, 나 오늘 아침에 주차 위반에 걸렸어.

B : 말도 마, 나는 수시로 그래!

내가 더 나쁜 상황임을 알려줘서 상대방을 위로하려는 맞장구다. 하지만 이 경우, 상대방의 에피소드는 별거 아니라는 느낌을 줄 수 있어서 상대방을 언짢게 할 수 있다. 자신을 불필요하게 낮춰서 맞장구칠 필요는 없다.

〈섣부른 판단과 해결〉

딸 : 엄마, 친구가 내 샤프 부러뜨렸어요. 너무 속상해요. (울기 시작한다)

엄마 : 울면 너만 더 손해지. 지금 친구는 샤프 망가뜨린 건 다 잊고 신나
   게 놀고 있을 거야.

딸 : 저도 알아요. 울면 나만 손해라는 거! 근데 지금 속상하다고요!

아이는 다만 자신의 속상한 감정을 이해하고 받아 줄 엄마가 필요할 뿐이다. 그런데 엄마는 섣부르게 판단하고 해결해주려 하고 있다. 아이의 감정선은 아직 속상함에 머물러 있는데 말이다.

〈지나치게 이성적인 판단〉

A : 내가 몇 번이나 불렀는데, 나만 무시하는 느낌이야.

B : 글쎄, 내 생각엔 아닌 것 같은데. 네가 너무 예민한 것 같아.

이런 표현은 상대방의 감정을 인정하지 않는 느낌을 줄 수 있다. 상대방은 같은 감정을 공유하고 싶어서 꺼낸 말이다. 그런데 B는 지나치게 이성적인 판단으로 상대의 감정을 부정하는 것 같은 뉘앙스다. 오히려 상대방에게 적대감을 불러일으킬 수 있다.

〈상대의 감정을 가볍게 치부하는 표현〉

A : 나 오늘 강아지가 아파서 너무 마음이 아픈 데도 출근했어.

B : 당연한 거 아니야? 그게 왜?

A : 나한테 나쁜 감정이 있는 걸까? 나한테만 저러는 것 같지?

B : 너, 너무 예민한 거 아니야? 민감하게 받아들이지 마!

이런 말들은 상대방의 감정을 가볍게 치부하는 것처럼 들릴 수 있다. 또는 상대방이 지나치게 감정적인 사람인 것 같은 느낌을 준다. 설령 나와 생각이 다를지라도 그 사람의 감정선을 따라가 주는 것이 중요하다.

모든 맞장구가 다 좋은 것은 아니다. 맞장구를 사용할 때는 상대방의 감정을 존중하고 공감하는 톤으로 표현해야 한다. 맞장구는 대화에 날개를 달아 주기 위함이지, 상대방의 이야기에 판단과 조언을 건네기 위함이 아니다.

맞장구를 활용할 때는 그저 상대방의 감정에 머물러 있어 주면 된다. 신나면 신나는 대로, 속상하면 속상한 대로, 화나면 화나는 대로 그 감정 그대로를 따라 반응해주면 된다. 상대방의 감정과 그 순간 함께하는 것이다. 맞장구는 기술이 필요하지 않다. 그저 감정에 어울리는 추임새만 함께 맞추면 된다.

잘못은 먼지에,
칭찬은 대리석에 새겨라

험담을 전하는 게 취미인 사람들이 있다. 그런 사람은 당신을 만나면 당신에 대해 험담하는 것을 들었노라고 이야기한다. 허물없는 사이라면 한밤중에 전화해서 다 늘어놓는다. 때로는 아침부터 연락해 당신의 하루를 망친다. 당신은 그 사람을 보며 자상한 마음씨를 가졌다고 잘못 생각하거나, 당신을 걱정하는 마음에서 그런다고 착각하기도 한다.

하지만 조심해야 한다. 그들은 나쁜 사람들이다! 그 사람은 그런 이야기를 당신에게 전하면서 즐거워한다. 당신이 당황하고 불안해하는 모습을 보며 속으로 쾌감을 느낀다. 그는 당신에 관해 험담을 늘어놓는 사람들과 다를 바 없는 저질이다.

'설마' 그럴까. 하지만 당신 주변에도 분명히 그런 사람이 꼭 있다. 겉으로는 당신을 위해서라며 다른 사람들의 험담을 전해주는 바로 그 '친구들' 말이다.

반대로 말의 절반이 칭찬인 사람들이 있다. 칭찬은 삶을 부드럽고 즐겁게 해준다. 칭찬할 수 있는 능력이 있다는 것, 그것 하나만으로도 성공 유전자를 하나 더 가지고 있는 것이다. 화나는 일들이 많은 세상에서 그래도 살만하게 하는 힘은 칭찬하는 데서 온다.

"원장님은 같은 말을 해도 기분 나쁘지 않게 하는 능력을 가지셨어요. 하고 싶은 말을 다 하시는데, 정작 학부모님들은 전혀 기분 나빠하지 않으세요. 원장님은 상담가를 하셨어도 분명 잘하셨을 거예요. 원장님 곁에서 많이 배우고 싶어요."

직원으로부터 들었던 칭찬이다. 늘 당연하게 해왔던 학부모 상담인데, 이토록 구체적으로 칭찬받으니 뿌듯했다. 무엇보다 직원의 칭찬이 형식적이지 않아서 참 고마웠다. 당연했던 내 역할에 자신감을 심어 준 한마디였다.

"칭찬은 평범한 사람을 특별한 사람으로 만드는 마법의 문장이다."

러시아 작가 막심 고리키의 말이다. 하지만 제대로 된 칭찬은 쉽지 않다. 먼저 상대방에 대해 관심을 가지고 깊이 있게 관찰해야 한다. 그리고 그 관찰의 결과를 가지고 건네는 진심 어린 칭찬이야말로 제대로 된 칭찬이다.

나는 국민학교 시절그 당시에는 국민학교였다, 친구들이 먼저 말을 걸어야만 다가가는 수줍음 많은 아이였다. 그래서 쉬는 시간에는 늘 책을 읽었다. 그런 나를 선생님이 지켜보고 있을 거라고는 생각하지 못했다. 그러던 어느 날 평소와 다름없이 책 삼매경에 빠져 있던 나에게 선생님이 다가오셨다.

"우리 령아는 책을 많이 읽어서 문장력이 정말 좋아. 특히 요새는 더욱 문장력이 향상되고 있어. 참, 기대가 많구나."

선생님이 나를 지켜보고 계셨다니, 그리고 문장력이 좋다는 칭찬까지 하시다니. 놀란 가슴이 좀처럼 가라앉지 않았다. 이후로 더욱 글쓰기가 좋아졌고, 더 열심히 책을 읽고 글을 썼다. 글쓰기 대회가 있으면 가장 먼저 손을 들고 나갔다. 초등학교 3학년 담임 선생님의 칭찬이 내 인생을 변화시킨 것이다.

나의 이런 경험 때문에, 학생 한 명 한 명에게 진심을 담은 칭찬을 건네려고 노력한다. 특히 "선생님, 저 못했죠? 다 틀렸을 거야."라고 말하는 학생들에게는 더욱 애정을 담아 칭찬하려고 한다. 사실은 인정받고 싶다는 다른 표현이라는 걸 알기 때문이다.

"이야! 정말 잘했는데? 몇 개 틀렸지만 이건 당연한 거야! 이걸 틀렸기 때문에 너는 다음의 발전이 있는 거야."

이 순간 아이의 표정이 상상되는가? 이 아이가 자라서 먼 훗날에 무엇이 될지, 이 아이의 삶에 내 칭찬 한마디가 어떤 역할을 할지는 아무도 알 수 없다.

빅토르 위고가 〈레 미제라블〉을 쓸 수 있었던 것도 어린 시절에 들었던 칭찬 한마디 때문이다.

"너는 글로 세상을 바꿀 수 있을 거야."

그러나 칭찬이 항상 좋은 결과만을 가져오지는 않는다. 〈과장된 칭찬이 자존감이 낮은 아동에게 미치는 악영향〉이라는 연구에 의하면, 부모의 칭찬이 과할수록 아이들의 자존감이 낮은 경향이 있다고 한다.

연구팀은 144명의 학부모에게 수학 문제를 푸는 자녀의 모습을 지켜보도록 했다. 이때 부모는 아이 곁에서 적절한 코멘트를 할 수 있게 했다.

부모들이 칭찬하는 횟수와 강도를 아이들의 자존감 수준과 비교해 본 결과, 자존감이 낮은 아이의 부모일수록 아이에 대한 칭찬이 과했다. 자존감이 낮은 아이에게 더 많은 칭찬을 해줘야 더 잘할 거라고 생각하지만, 실제는 그렇지 않았다.

또한 아이들에게 쉬운 그림과 어려운 그림 중 하나를 따라 그리도록 하자, 칭찬을 많이 받았던 아이들은 대개 쉬운 그림을 골랐다. 칭찬받지 못할 것이라는 걱정이 앞섰기 때문이었다. 이는 부모의 지나친 칭찬이 오히려 아이들에게 심리적 강박으로 작용했음을 보여주는 것이다. 따라서 칭찬도 잘해야 한다. 칭찬에도 방법이 있다.

첫째, 구체적으로 칭찬하라. 모호한 칭찬은 상대방의 마음에 와닿지 않는다. 구체적인 칭찬이 상대방의 마음을 움직인다. 직원의 보고서를 칭찬할 때 상황을 예로 들어보자.

> A 칭찬 : 훌륭해요. 고생했어요.
> B 칭찬 : ㅇㅇ씨가 쓴 보고서는 항상 믿음이 가요. 늘 꼼꼼하게 작성해서
>   두 번 확인할 필요가 없어요. 고생했습니다.

위 두 칭찬 중에서 어떤 칭찬이 직원을 춤추게 하겠는가? A처럼 모호한 칭찬은 정확히 무엇 때문에 칭찬받는지 분명하지 않다. 그래서 행동의 강화가 이루어지기 힘들다. 그러나 B는 칭찬의 이유를 분명히 알고 있다. 따라서 직원은 분명 다음번 보고서도 실수 없이 꼼꼼하게 작성할 것이다.

둘째, 보이는 그대로를 칭찬하라. 칭찬을 어렵게 생각하는 사람들이 있다. 어떤 행동을 잘했을 때만 칭찬하는 것이 아니다. 눈앞에 보이는 그대로를 칭찬하는 것도 상대의 마음을 움직일 수 있다.

"오늘 입은 노란색 티셔츠가 참 잘 어울리네요. 봄이 성큼 다가온 것 같습니다."

"김대리의 밝은 목소리는 항상 주변 사람들에게 에너지를 주는군

요. 덕분에 오늘도 힘이 납니다.”

“헤어스타일이 바뀌었네요. 새로워 보여서 좋습니다. 저도 한 번 바꿔봐야겠어요”

어떤가. 별거 아니지 않는가. 평소에 눈으로만 보고 지나쳤던 것을 입으로 표현하면 된다. 이 한마디로 딱딱했던 사무실 분위기가 살아나고, 당신 주변으로 사람들이 모여들 것이다.

셋째, 제삼자에게 칭찬하라. 사람은 누구나 인정받고 싶어 한다. 제삼자 앞에서 칭찬하게 되면, 인정받고 자랑하고 싶은 두 가지 욕구를 충족하게 된다. 따라서 칭찬받은 행동이 더욱 강화된다. 또한 제삼자에게 간접적으로 칭찬을 전달받게 되는 경우에는 칭찬한 사람에 대한 호감도가 더욱 올라간다.

학부모 중 겸손하게 보이기 위해 아이의 칭찬을 아끼는 분들이 더러 있다.

A : 어머, 아이가 참 의젓해요.

B : 무슨 말씀을요, 밖에서만 저래요. 집에서는 엉망진창이에요.

위 대화를 아이가 듣고 있다면 기분이 어떨까. 의젓해지고 싶다가도 반항심이 생길 것 같다. 반면 다음의 칭찬은 어떤가?

A : 아이가 책을 좋아하나 봐요?

B : 네, 책을 참 좋아해서 벌써 저렇게 두꺼운 책도 즐겨 봐요. 제가 봐도 참 대단해요.

제삼자 앞에서 하는 칭찬은 인정받고자 하는 욕구를 충족시킨다. 따라서 잘하는 행동을 더욱 강화시킬 수 있다.

넷째, 상대에 따라 칭찬은 달라야 한다.

신입사원 : 팀장님은 참 똑똑하시네요. 어떻게 그런 생각을 하실 수 있어요?

팀장 : …….

상사가 부하에게 이런 칭찬을 들으면 오히려 불쾌한 생각이 들 것이다. 팀장은 신입사원에게 평가받은 꼴이니 기분이 좋을 수 없다. 이처럼 칭찬은 상대나 상황에 따라 달라져야 한다.

신입사원 : 팀장님, 저는 언제쯤 팀장님 같은 생각을 할 수 있게 될까요?

팀장 : 지금처럼만 하면 돼. 그러다 보면 분명 나보다 더 훌륭한 팀장이 될 거야.

같은 칭찬이지만 상대에 따라 조금만 달리 표현해도 전달하는 진심의 깊이가 달라진다.

다섯째, 과정과 노력을 칭찬하라. 칭찬할 때는 결과보다는 과정과 노력에 포커스를 둬야 한다. 결과에만 집중된 칭찬은 이후에도 반드시 결과를 내야 한다는 압박감을 줄 수 있다. 하지만 과정과 노력에 대한 칭찬은 그 행동 자체를 강화시킨다.

> 아이 : 엄마! 나 오늘 검은띠 땄어요!
>
> 엄마 : 정말? 네가 그렇게 원하던 건데, 정말 축하해.
>
> 아이 : 나 오늘 기분 진짜 좋아요!
>
> 엄마 : 원하는 것을 위해 힘들어도 참고 노력하는 네가 정말 자랑스러워.
>
> 아이 : 내가 자랑스러워요?
>
> 엄마 : 그럼, 당연하지! 엄마도 너무 기분 좋다!

칭찬은 검은띠가 아니다. 검은띠를 얻기 위해 노력했던 아이의 행동을 칭찬해준 것이다. 이후에도 이 아이는 엄마의 자랑스러운 아들이 되기 위해 노력하고 싶을 것이다.

여섯째, 평가가 아닌 칭찬을 하라.

"적성검사 결과를 보니, 너는 수학에는 소질이 없어. 대신 영어, 국어에는 강점이 있어!"

이 말이 아이에게 어떻게 들렸을까? 선생님의 목적은 영어와 국어에 대한 칭찬이었을 것이다. 하지만 이 말 한마디로 학생은 수학에 대한 흥미를 잃어버릴지도 모른다. 그 어떤 칭찬에도 평가가 들어가면 안 된다. 위 칭찬을 다음과 같이 바꾸면 어떨까?

"적성검사 결과를 보니 영어, 국어에 탁월한 강점을 보이는구나. 이 부분을 충분히 살려서 진로를 선택하면 좋을 것 같아. 진로 선택 시에 수학이 필요하다면, 이 부분만 조금 더 신경쓰면 선택의 폭이 훨씬 넓어질 수도 있겠다."

수학 점수가 낮은 것은 이미 아이도 알고 있는 부분이다. 굳이 낮은 점수에 대해 평가하기보다는 장점을 더욱 살려 주는 칭찬이 아이의 인생을 변화시킨다. 이 세상에 당연한 것은 없다. 사소한 것들도 칭찬의 대상으로 바라보자.

"아들, 너 그거 알아? 엄마는 너가 정말, 정말, 정말 좋아."

"딸, 너 누구 닮아서 이렇게 야무진 거야?"

"너희는 엄마의 자랑이야."

"김팀장님, 어쩜 이렇게 꼼꼼해요? 내가 놓치는 일들을 다 챙겨 주니 덕분에 제가 걱정이 없어요."

"김선생님, 어떤 업무를 주어도 찰떡같이 해내니 정말 든든합니다."

"엄마 덕분에 내가 일에 집중할 수 있어. 우리 애들 돌봐줘서 고마워요."

"아빠는 항상 내 말을 잘 경청해줘요. 덕분에 아빠한테 말하고 나면 항상 지지받는 것 같아서 든든해요."

"가만히 생각해보니 내가 어떤 짜증을 내든, 어떤 행동을 하든 당신은 항상 그 자리에 그대로 기다려 줘서, 고마워."

칭찬은 어렵지 않다. 생각난 예쁜 그 말을 그대로 삼키지 말고 상대방에게 전달하면 된다. 분명 그 칭찬을 기억하고, 그 기대에 부합하기 위해 행동하기 시작할 것이다. 상대방을 잘 관찰하고, 예쁜 장점을 전달해주자.

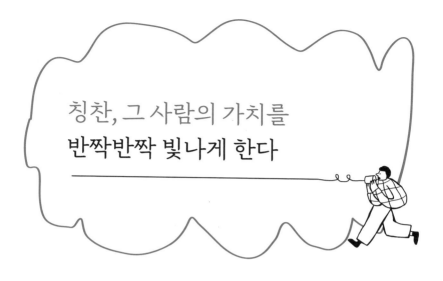

칭찬, 그 사람의 가치를
반짝반짝 빛나게 한다

나를 현명하게 잘 드러내는 것도 능력인 자기 PR 시대다. 그렇다고 잘난 척하라는 의미가 아니다. 상대가 칭찬하면 기분 좋게 받아들일 줄 아는 사람, 자신의 능력을 상대에게 부담스럽지 않게 어필할 줄 아는 사람이 돋보인다.

한국 사람들은 자신을 낮추는 겸손을 미덕으로 교육받아 왔다. 그래서 칭찬을 들으면 손사래 치고, 자신이 가진 능력을 지나치게 낮추는 경향이 있다. 하지만 겸손해야 할 때와 그렇지 않을 때를 구분하자. 지나친 겸손은 상대를 피곤하게 한다. 건강하게 당당한 모습이 상대를 기분 좋게 만든다는 사실을 기억하자.

시합이나 경기가 끝난 뒤에 승자와 패자가 서로 칭찬하는 데도 정해진 대본이 있다. 패자는 승자에게 경의를 표하면서 "당신이 진정한 승자입니다."라고 말해야지, 자신이 패배한 원인을 운으로 돌리며 변명한다든가 승자의 실력을 무시하는 말을 해서는 안 된다. 승자도 엄격한 경쟁의 대본에 따라 승리의 기쁨을 속으로 감춰야 한다.

일반적으로 승자의 대본이 패자의 것보다 더 엄격하다. 승리의 기쁨을 팀 동료에게 나타내는 것은 괜찮지만, 상대팀에게 자랑하는 것은 금기로 되어 있다.

만일 우승자가 패자에게 다가가 "당신을 꺾어서 너무 기쁘다."라고 말한다면, 대단히 건방지며 스포츠맨십도 모른다고 비난받을 것이다. 보통 승자는 아슬아슬한 시합이었다든가, 행운이 명암을 갈랐다든가 하는 식으로 겸손하게 말해야 한다.

A : 너 이번에 상 받았다며? 역시, 너라면 충분히 그럴 것 같았어.

B : 아니야. 어쩌다가 그런 거야. 나보다 잘하는 사람이 얼마나 많은데, 순전히 운이 좋았던 거야.

A : 너만큼 이렇게 진심으로 노력하는 사람이 어디 있다고 그래.

B : 내가 이런 상을 받을 자격이나 되나 모르겠어.

A : ⋯⋯.

A : 너 이번에 상 받았다며? 역시, 너라면 충분히 그럴 것 같았어.

B : 축하해줘서 고마워. 정말 열심히 노력했는데 보람이 있어.

A : 너만큼 이렇게 진심으로 노력하는 사람이 어딨어.

B : 그렇게 말해주니 부끄럽기도 하지만 뿌듯하다. 고마워. 덕분에 더
　　노력할 힘이 생겼어.

A : 우리 같이 축하하러 가자!

B : 내가 살게!

　전자의 대화가 칭찬에 대한 겸손의 말로 들리는가? 상대는 더 이상 어떻게 말해야 할지 난감하다. 지나친 겸손은 상대를 피곤하게 한다. 반면 후자는 칭찬하는 사람도, 칭찬받는 사람도 편안하고 유쾌하게 들린다. 지나친 겸손보다는 위트 있고 긍정적인 자기 자랑과 수용이 상대방에게 더욱 호감을 준다.

　흔히 누군가로부터 칭찬받았을 때 기다렸다는 듯 수긍하면 '잘난 척'으로 오해받을까 봐 걱정하는 사람들이 있다. 집단주의 문화인 한국에서, 튀면 손해보는 사례를 많이 봐왔기 때문일지도 모르겠다. 하지만 상대가 진심으로 칭찬을 해주는데 "아니에요."라고 강하게 부정하면 도리어 실례가 될 수도 있다.

　특히 비즈니스 대화에서 겸손의 미덕을 너무 발휘할 필요는 없다. 비즈니스 관계에서 상대는 능력 있는 사람과 대화하기를 원한다. 그

런 상황에서 겸손의 미덕을 발휘하며 나를 낮추면 오히려 상대를 실망시킬 수 있다. 비즈니스 관계에서는 가능하면 자신의 상대가 능력자기를 바란다. 그저 그런 형편없는 사람과 일을 진행하기를 원하는 관계자는 없다.

예를 들어 당신은 지금 회사를 홍보해줄 광고 업체를 찾는 중이다. 이때 한 광고 업체의 시안과 조건이 꽤 괜찮았다. 업체 선정의 마지막 결정 단계에서 몇 가지 회사 측의 조건을 전달했다. 그러자 담당자가 다음과 같이 말한다.

"이게 제 권한이 아니라서, 사실 제가 회사에서 힘이 없습니다. 죄송해요."

"나름대로 제가 회사에서 인정받고 있습니다. 제가 최선을 다해 내부 설득을 진행해보겠습니다."

자, 당신은 어떤 담당자와 일을 성사시키고 싶은가? 비즈니스 관계에 있어서 절대적인 겸손은 미덕이 아니다. 나와 일을 진행하는 관계자가 능력 있는 사람이어야, 그 사람과 일하는 나 또한 능력 있는 사람이 되는 것이다. 그렇기에 비즈니스 관계에 있어서 건강한 자기 어필은 상대방을 함께 존중해주는 일이라는 걸 기억하자.

사실 칭찬하는 이유가 '칭찬' 그 자체에만 목적이 아닐 때도 있다. 어떤 경우는 칭찬이 대화의 물꼬를 트기 위한 수단으로, 혹은 중간중간 대화를 매끄럽게 이어 가기 위해 윤활제처럼 활용하는 경우도 있다. 그렇다면 이런 칭찬에 과한 겸손은 어울리지 않는다. 칭찬이 쑥스럽다면 "감사합니다. 덕분에 기분이 좋아졌어요."라고 말하며 칭찬하는 상대에게 감사함을 표현하자.

　칭찬을 받는 데도 요령이 있다. 다음의 몇 가지 상황을 토대로 칭찬의 요령들을 익혀보자.

　　A : 오늘 셔츠가 정말 잘 어울리네요.

　　B1 : 그래요? 평소 입던 거랑 크게 달라진 건 없는데요.

　　B2 : 정말요? 오늘은 퍼스널 컬러에 좀 더 신경을 썼거든요. 역시 패션
　　　　감각이 남다르다고 느꼈는데, 예리하십니다.

　B1처럼 말하면 칭찬한 사람은 오히려 민망해진다. 본인이 실수한 것 같은 생각이 들지 않겠는가? 하지만 B2처럼 말하게 되면 오히려 상대방의 안목을 높여 준 것이 된다.

　　A : 정말 훌륭합니다. 그렇게 어려운 일을 해내다니요.

　　B1 : 뭘요, 별거 아닙니다.

　　B2 : 팀원들 덕분입니다. 팀원들이 잘 도와준 덕분에 좋은 결과가 나온
　　　　것 같아 저도 기쁩니다. 그 칭찬은 저희 팀원들과 나누겠습니다.

B1의 대답은 칭찬한 사람도 김빠진다. 하지만 B2의 대답은 칭찬에 대한 감사함을 주변 사람에게 나누어 좋은 인상을 심어 준다.

> A : 정말 대단하세요. 그렇게 높은 실적을 올리다니 말입니다. 비법 좀 알려 주세요.
>
> B1 : 특별한 전략은 없습니다. 그저 운이 좋았나 봐요.
>
> B2 : 선택과 집중을 잘한 것 같아요. 칭찬해주시니 다음에는 더 좋은 전략을 세울 수 있을 것 같습니다. 필요하시다면 이번에 성공했던 전략들을 공유할게요.

B1의 대답은 노하우를 듣고 싶어 하는 상대방의 의도를 모른 척하는 것처럼 들린다. 하지만 B2의 대답은 건강하게 자신을 어필하면서 상대의 의도를 잘 받아 주고 있다.

> A : 상담 실력이 정말 많이 늘었군요. 이젠 마음놓고 상담을 맡길 수 있겠어요.
>
> B1 : 무슨 말씀을요. 부끄럽습니다. 아직도 한참 부족합니다.
>
> B2 : 다 팀장님의 가르침 덕분이죠. 팀장님 옆에서 보고 배운 대로 그대로 했더니, 이렇게 되었어요. 정말 감사합니다.

B1의 대답은 상사의 인정을 받아들이지 못하고 있다. 오히려 칭찬한 상사가 무안한 상황이 연출된다. 하지만 B2의 대답은 칭찬을 받아들이면서 그 공을 상사에게 다시 돌리고 있다. 칭찬한 상사가 오히려 존중받는 느낌이 든다.

내 가치는 누가 인정해줘야 할까? 바로 나 자신이다. 나 자신도 내 가치를 인정하지 않는데, 과연 그 누가 나의 가치를 높여줄 수 있단 말인가. 칭찬을 감사히 받아들이고 내 가치를 인정하는 연습을 시작하자.

우리는 누군가가 "원피스가 정말 잘 어울려요."라고 칭찬하면 "아 그래요? 이거 아주 싸게 주고 샀어요."라고 대답하고, "어머 아드님이 정말 잘 생겼네요."라고 하면 "잘 생기면 뭐 해요. 말을 얼마나 안 듣는데요." 하고 깎아내린다. 왜 우리는 자신의 가치를 인정하는 것에 이토록 인색할까?

자신의 가치를 스스로 인정하지 못하면 다른 누구의 인정도 받아들이지 못한다. 자신의 가치를 스스로 인정하고 빛내는 사람이 되자.

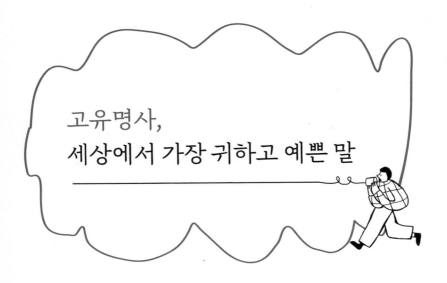

고유명사,
세상에서 가장 귀하고 예쁜 말

병원에서 간호사가 병상에 누워 있는 노인에게 "들려요? 할머니, 약 먹을 시간이에요."라면서, 마치 어린아이를 달래는 투로 말하곤 한다. 간호사의 호의는 잘 알겠지만 할아버지, 할머니라는 익명의 호칭으로 부르기보다는 "○○○씨"라고 이름을 부르는 것이 더 좋지 않을까?

그렇게 하면 '하나의 인간으로서 나를 대하고 있다, 정말로 자신을 걱정해주고 있다'라고 환자가 느낄 수 있기 때문이다.

우리 동네에는 명성이 자자한 내과가 있다. 그런데 이 내과는 다른 병원과 별반 다른 점이 없다. 그럼에도 늘 환자들이 넘쳐난다. 이 병원의 의사 선생님은 환자들의 개인사를 옆집 아저씨처럼 줄줄 읊어 댄다.

"김령아 씨, 오랜만에 왔네요. 요즘은 스트레스가 좀 덜하나 봐요. 위장염이 한동안 잠잠했네요."

이런 식이다. 이름을 기억해주고, 질병을 기억해주니 내가 특별한 환자가 된 것 같은 느낌이 든다. 아마도 우리 동네 환자들은 이 선생님을 개인 주치의처럼 느끼지 않을까.

타인의 이름을 기억하는 것은 생각보다 쉽지 않다. 그 사람에 대해 관심을 가져야 하고 기억하기 위해 노력해야 한다. 그러므로 이름만 기억하고 불러줘도 상대는 감동한다. 내 이름을 불러주기 위해 기울였을 그 사람의 관심과 노력을 알기 때문이다.

A : 안녕하세요. 반갑습니다.

B : 아, 네.

A : 안녕하세요. 김령아 원장님. 상담하게 되어 정말 기쁩니다.

B : 아, 네. 안녕하세요.

위 두 대화에서 차이가 느껴지는가. 짧은 인사지만 이름을 붙여 인사하면 전달하는 느낌이 달라진다. 이름만 붙였을 뿐인데, 상대방을 한 번 더 바라보게 된다.

아이들도 마찬가지다. 나는 학원에서 아이들의 이름을 가능한 많이 불러주려고 노력한다. 아이들은 '학생들이 많으니까 원장 선생님은 나를 모를 거야'라고 생각할 수도 있다. 나는 그런 아이들에게 '너희 한 명 한 명이 여기서는 주인공이야'라는 메시지를 전달하고 싶다. 그래서 아이들 이름을 외우려고 노력하고, 한 번이라도 더 불러주려고 애쓴다.

"나은아, 밖이 많이 덥지? 시원하게 여기서 땀 좀 식히자."

"하준아, 요새 실력이 쑥쑥 올라가고 있어. 대견하다."

"승원아, 요새는 공부하기 힘들지 않아?"

"우리 유나는 갈수록 예뻐지네."

"우리 규리는 항상 밝아서 좋아."

이름을 불러주면 아이들의 행동에 변화가 일어난다. 선생님이 자신을 주목하고 있다는 생각에 표정부터 달라진다. 노력하게 되고, 자신감을 갖는다. 학원에 오면 원장 선생님을 찾아서 눈 맞추고 인사한다. 특히 새로운 학생의 경우 이름을 불러주는 일부터 시작해야 한다. 이름을 불러주고, 이름이 불리기 시작하면서 서로에게 마음을 열 준비가 된다.

공부에는 관심 없고 말썽만 일으키는 개구쟁이 아들을 둔 엄마가 있었다. 엄마는 새 학기가 되어 담임 선생님과 상담하며, 아무 때라도 생각나면 아이 이름을 한 번씩만 불러달라고 부탁했다. 선생님은 어머님의 부탁이 떠오를 때마다 아이의 이름을 불러줬다.

아이는 선생님이 언제 자신의 이름을 부를지 몰라서, 선생님이 신경쓰이기 시작했다. 그리고 얼마 가지 않아 장난치는 행동도 점차 줄어들기 시작했다. 자신의 이름을 불러주며 관심을 보이는 선생님 덕분에 아이는 신났다. 그 해가 끝날 무렵 아이는 모범생이 되었다.

이와 관련한 실험도 있다. 미국 네바다 주의 와슈 카운티는 98개 학교에서 SEL 프로젝트를 실행했다. 교사가 학생의 이름을 기억하는 것이 학생에게 어떤 감정적 변화와 학습적 결과를 가지고 오는지에 대한 연구였다.

5년 뒤 결과에서 학생들은 학업 성취도와 출석률이 매우 개선되었고, 학칙 위반 건수도 눈에 띄게 줄었다. 교사가 이름을 기억하고 불러줬을 뿐인데 학생들의 유대감과 소속감이 증대했고, 교사와 학생 간의 소통에서도 긍정적인 결과가 나타났다. 이름을 부르는 것은 가장 사소하지만 가장 효율적인 대화의 방법이다.

신혼여행으로 보라카이를 방문했을 때의 일이다. 우리 부부는 한국 사람들이 없는 조용한 숙소를 원했고, 다행히도 소규모의 투숙객만을 받는 조용한 호텔을 찾을 수 있었다. 그곳에 머무는 한국인은 우리 부부뿐이었고, 투숙객보다 종업원이 더 많은 느낌이었다. 호텔을 이렇게 운영해도 수익이 나는 건가 걱정이 들 때쯤, 그 호텔이 왜 유명한지를 알 수 있었다.

"Hello. Iris. May I help you?"안녕, 아이리스. 뭘 도와줄까?

"Good evening, Mr. Kim. There is special gift in your room."

안녕하세요, 미스터 김. 당신의 방에 선물이 있어요.

그 호텔의 모든 종업원은 투숙객들의 이름을 일일이 기억하고 불러 줬는데, 그때 느꼈던 감동은 십여 년이 지난 지금도 잊히지 않는다. 이름만 불렸을 뿐인데, 낯선 나라에서 나에 대한 배려와 존중을 느꼈다. 아직까지도 보라카이의 좋은 이미지로 남아 있다.

인지과학자 콜린 체리에 의해 명명된 '칵테일파티 효과'라는 심리 용어가 있다. 지하철에서 깜박 졸다가 내려야 하는 역의 안내 방송을 듣고 잠이 확 깬 경험은 누구나 있을 것이다.

칵테일파티처럼 시끌벅적한 와중에도 자신과 관련된 정보, 혹은 자신에게 의미 있는 정보만 잘 들리는 현상을 '칵테일파티 효과'라고 한다. 여러 사람의 목소리와 잡음이 많은 상황에서도 본인이 흥미를 갖는 이야기는 선택적으로 듣는 현상을 말한다.

마케팅에서는 '칵테일파티 효과'를 이용하여 이익을 창출하기도 한다. 예를 들면 이메일을 보낼 때 고객의 이름을 앞에 넣어 보내는 것이다.

"○○○ 고객님, 이번 달에 소멸되는 혜택이 있습니다."

이와 같은 메일 제목은 한 번 더 눈길이 간다. 내 이름이 적혀 있기 때문이다. 그리고 이러한 전략은 실제로 해당 제품의 매출을 높여 준다. 사소한 듯 보이는 '이름 불러주기' 전략이 가진 힘이다.

우리 아들이 9살 때 일이다. 곤충, 벌레, 파충류 등을 무서워하던 녀석이 방과후 교실에서 받았다며 도롱뇽 한 마리를 가져왔다. 그렇게 겁이 많던 녀석이 그 도롱뇽에게 '도리'라는 이름을 지어 주고, 애정과 관심을 주기 시작했다. 학교 가기 전에 안부를 확인하고, 학교 다녀와서 또 안부를 확인하며 무한한 애정을 쏟았다.

그러던 어느 날 아침, 도리가 감쪽같이 사라져 버렸다. 아무리 집안 곳곳을 뒤져도 도리를 찾을 수 없었다. 실망감과 슬픔에 사로잡힌 아들을 위해 남편은 새 도롱뇽 두 마리를 다시 입양시켜 줬다. 그런데 아들은 그 도롱뇽에는 도통 관심을 두지 않았다. 왜 그러냐고 묻자, 아들은 이렇게 말했다.

"도리는 내가 이름을 지어 줬던 아이잖아요. 다른 도롱뇽은 필요 없어요. 나는 도리가 보고 싶단 말에요."

두 사람의 심리적 거리가 좁혀짐에 따라 부르는 호칭도 '직함 → 성 → 이름'의 순서로 바뀌어 간다. 단순한 친구 관계였던 두 사람이 호칭을 달리함으로써 연인 관계로 바뀐 예도 있다.

그러나 첫 대면부터 너무 자주 상대의 이름을 부르는 것은 실례다. 미팅에서 처음 만난 남학생이 지나치게 자주 이름을 부른다면, 여학생은 '너무 친한 척하는 게 뭔가 속셈이 있는 것 같다'는 느낌을 받을 수도 있다. 적절할 때에 이름을 불러야 효과를 거둘 수 있다.

이름은 불리는 대상에게도 중요하지만, 부르는 사람에게도 중요한 역할을 한다. 이름을 기억하고 부른다는 것은 그에게 나의 마음과 관심을 갖기 시작했다는 것을 의미한다. **이름은 불리는 쪽이나 부르는 쪽 모두에게 특별한 의미를 갖는 일이다.**

내가 이름을 부르지 않는 사람들은 아마 나와 관련 없는 사람이거나, 나의 관심 밖에 있는 사람일 것이다. 하지만 이 사람들 또한 내가 이름 부르기로 작정하면, 그날부터 나의 삶에 오롯이 들어오기 시작한다.

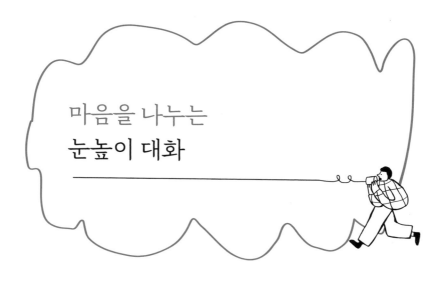

마음을 나누는
눈높이 대화

《성공의 심리학》의 저자인 데니스 웨이틀리는 다른 사람의 입장에 선다는 것에 대해 실감나는 예를 들었다.

거리에는 캐럴이 흐르고, 호화롭게 장식된 쇼윈도는 사람의 눈길을 끈다. 산타클로스가 길모퉁이에서 춤을 춘다. 가게 앞에는 장난감도 잔뜩 쌓여 있다. 다섯 살짜리 아들은 눈을 반짝거리며 틀림없이 기뻐할 것이라고 어머니는 생각했다. 그런데 예상과는 달리 아들은 어머니의 코트에 매달려 훌쩍훌쩍 울기 시작했다.

"왜 그러니? 울고만 있으면 산타 할아버지가 안 오세요. 어머나, 구두끈이 풀어졌구나."

어머니는 길바닥에 무릎을 대고 아들의 풀어진 구두끈을 고쳐 주며 무심코 시선을 돌렸다. 아무것도 보이지 않았다. 아름다운 쇼윈도 장식도, 산더미 같은 장난감도 눈에 들어오지 않았다. 이 모든 것이 지나치게 높고 복잡해 아들의 눈에는 하나도 보이지 않았던 것이다. 눈에 들어오는 것은 굵은 다리 기둥과 히프가 서로 밀고 밀치면서 지나가는 통로뿐이었다. 그것은 너무도 무서운 광경이었다.

어머니가 다섯 살짜리 아들의 눈높이에서 세계를 바라본 것은 이것이 처음이었다. 어머니는 너무 놀라 즉시 아들을 데리고 집으로 돌아갔다. 그리고 다시는 자신을 기준으로 한 즐거움을 아들에게 강요하지 않겠다고 다짐했다.

어머니는 아이의 눈높이에서, 즉 아이의 입장에 선다는 것이 어떤 것인지 몸소 체험한 것이다.

대화도 마찬가지다. 대화를 잘하기 위해서는 어휘나 표현을 상대의 눈높이에 맞춰서 적절히 사용할 줄 알아야 한다. 상대의 직업, 나이, 성격, 지식 수준 등을 고려해서 어휘나 표현법을 사용해야 한다. 어린이에게는 어린이의 언어를, 어르신들에게는 어르신들의 언어를 써야 빨리 공감할 수 있는 법이다.

예를 들어 내가 오늘 유명 브랜드의 프라이팬을 판매하는 상황이라고 가정해보자. 이때 프라이팬을 구매할 대상이 누구냐에 따라 사용해야 할 언어와 판매 전략은 달라진다. 먼저 그 대상이 브랜드를 중시하는 젊은 주부들이라면 제품의 역사와 브랜드의 힘을 설명하는 것이 설득력을 가진다.

"독일의 유명한 명품 프라이팬 알텐바흐를 소개합니다. 이미 명성이 자자한 이 프라이팬은 유명 셰프들이 사용할 정도죠."

하지만 이와 달리 나이가 지긋하신 어르신들에게 프라이팬을 판매한다면 어떻게 접근해야 할까?

어르신들에게는 명품, 명성, 셰프와 같은 단어들은 공감되지 않는다. 이분들에게 프라이팬은 그저 음식을 하기 위한 도구다. 이분들에게는 실제 프라이팬을 달구고 음식을 볶는 시연 행사가 더 마음에 와 닿는다.

"이 프라이팬은 기름을 많이 쓸 필요가 없습니다. 보세요. 기름을 거의 쓰지 않아도 눌어붙지 않죠? 어르신들, 기름 너무 많이 섭취하시면 좋지 않아요. 이 프라이팬은 흠집도 잘 나지 않습니다. 한 번 보여드릴게요."

왜 우리는 상대의 눈높이에 맞춰 말해야 할까? 결국은 내가 원하는 방향으로 나아가기 위해서다. 어린아이를 교육할 때 어른들이 사용하는 언어와 표현법을 떠올려보자.

아이들이 잘 이해하지 못할 것을 알기에 어른들은 아이들의 언어를 빌려 사용한다. "차가운 거를 많이 먹으면 배가 아야 하지? 배가 아야 하면 병원에 가서 주사 맞아야 하잖아. 우리 예쁜이 주사 맞기 싫지?"처럼 말이다.

어른들과의 일상 대화도, 업무상의 대화도 모두 마찬가지 시선으로 바라봐야 한다. 내가 원하는 방향으로 나아가기 위해서 상대의 눈높이에 맞춘 대화를 이어 가야 한다.

엄마 : 선생님, 우리 아이 감기가 왜 이렇게 오랫동안 낫질 않죠?

의사 : 검사 결과 만성 부비동염이네요.

엄마 : 부비동염이 뭐에요?

의사 : 자연공이 막혀서 부비동이 제대로 환기나 배설이 되지 않아 이차적으로 부비동에 염증이 발생했어요. 그 탓에 농성 분비물이 고이면서 염증이 심해졌어요.

엄마 : 네? 심각한 상태인가요?

의사 : 흔히들 축농증이라고 하죠. 항생제 먹으면서 지켜볼게요.

엄마 : 아…….

엄마 : 선생님, 우리 아이 감기가 왜 이렇게 오랫동안 낫질 않죠?

의사 : 검사 결과 만성 부비동염이네요.

엄마 : 부비동염이 뭐에요?

의사 : 어머니, 여기 사진 보세요. 코 옆에 공간이 보이죠. 여기가 원래는 비어 있어야 해요. 그런데 우리 아이는 여기가 하얗죠? 분비물이 가득차 있는 거예요. 이 분비물이 눈으로, 코로, 가래로도 나오는 걸 말해요.

엄마 : 아, 무슨 말씀인지 알겠어요.

의사 : 흔히들 축농증이라고 하는데요. 이건 항생제 먹으면서 좀 지켜봐야 해요.

엄마 : 네, 감사합니다.

나이가 지긋하신 분들과 대화할 때 '에메랄드빛'보다는 '옥빛' 혹은 '맑은 바닷빛'으로 표현하는 편이 이해가 쉽다. 어린아이들과 대화할 때는 '10cm 정도의 길이'보다는 '연필 한 자루의 길이'라고 표현하면 더욱 의미가 명확해진다.

이처럼 다양한 사람과 대화를 잘하려면 상대를 잘 파악해야 한다. 상대를 파악하는 방법 중 성격 유형을 파악하는 것도 눈높이에 맞는 대화 방법 중 하나다. 예를 들어 내향적이고 예민한 사람이라면, 상대방의 기분을 잘 파악하여 단어 선택에 신중을 기하는 것이 좋다. 또한 성격이 외향적인 사람이라면, 목소리 톤을 높이고 리액션을 섞어 가며 이야기하는 게 좋다.

얼마 전 딸아이가 불안함을 호소하기 시작했다. 처음엔 하루에 한 번 "엄마, 마음이 이상해, 불안한 것 같기도 하고 무서운 것 같기도 해."라고 시작했던 표현이 하루에 세 번, 급기야 30분 간격으로 "불안해!"를 호소했다. 나는 딸에게 뭐 때문에 불안한지, 가장 불안한 요소가 무엇인지 물었다. 아이는 전쟁이 날까 봐 무섭다고 했고 나는 공감해줬다.

"엄마도 어릴 때 그랬던 것 같아. 그런데 크니까 점점 괜찮아지네?"

"진짜? 엄마도 그랬어? 휴, 나만 그런 게 아니구나."

완벽한 대화라고 생각했다. 하지만 그것은 나의 오만이었다. 다음 날 아이는 또 다른 불안을 안고 왔다.

"엄마, 내가 씻고 있을 때 집에 불이 나면 어떡해?"

그리고 다음 날 아이는 어디서 그런 생각이 나는지 매일 새로운 불안 거리를 안고 왔다. 급기야 "엄마, 내가 매일 이렇게 물어보는 게 스트레스야? 엄마 화나?"라고 묻기도 했다.

이런 일이 거듭되던 어느 날 밤 드디어 나는 폭발했다. 그리고 남편을 불렀다.

"자기야! 나 너무 스트레스 받아. 지금 우리 딸이 오늘 하루만 10번 이상 북한이랑 전쟁이 날까 봐 불안하대. 나 더 이상 안 되겠어. 당신이 설명 좀 해봐!"

남편은 조금 시간을 끌더니 딸 옆으로 가서 대화하기 시작했다.

남편 : 딸, 북한 영상 한 번 보여줄게 이리 와 봐, 엄청 가난하지?

딸 : 우와, 이렇게 가난해?

남편 : 북한의 GDP가 한국의 30분의 1이야. 우리가 한 달에 300만 원 벌 때 북한은 얼마를 번다는 거야?

딸 : 10만 원? 우와, 한 달에 10만 원으로 어떻게 살아?

남편 : 그래, 그런데 전쟁을 일으키면 버틸 수 있겠어? 전쟁 무기들은 한국과 비교가 되겠어?

딸 : 그렇네. 그래서 전쟁이 날 위험이 적다는 거구나.

남편 : 자, 이제 한국 군대가 얼마나 힘이 센지 순위를 보여줄게. 이것 봐 어때?

딸 : 아, 이제 안심이 된다.

유레카! 아빠와의 대화로 전쟁에 대한 불안함이 손톱의 때만큼으로 줄었다. 이날 남편의 대화는 딸과 정확한 눈높이에서 이루어졌다. 이제 초등학교 4학년인 딸은 이전과 같이 "괜찮아, 엄마가 있잖아?"라는 식의 대화로는 불안함을 잠재워 줄 수 없다. 하지만 시청각 자료와 근거를 가지고 접근한 아빠와의 대화에서, 아이는 합리적 안정감을 느꼈다.

상대방의 눈높이에 맞추어 대화하기 위해 다음의 다섯 가지를 고려해보자.

첫째, 상대방의 정치적 성향이나 종교적 신념을 인정한다. 정치나 종교에 관한 대화는 민감한 주제다. 다행히 정치나 종교에 대한 의견이 서로 같으면 더할 나위 없이 좋겠지만, 그렇지 않은 경우도 존재한다.

그럴 땐 나의 정치적 성향이나 종교적 신념을 주장하면 안 된다. 대화가 거칠어진다. 이때는 상대방의 생각을 들어본다는 관점으로 가볍게 접근하는 게 좋다. 그 사람의 눈높이에 나의 생각을 맞춰보는 것이다.

둘째, 상대방의 관심사를 파악한다. 상대방의 관심사가 무엇인지를 잘 파악하면 눈높이에 맞는 대화가 쉬워진다. 대화가 상대방의 관심사와 아랑곳없이 진행되면, 상대방에겐 너무 어렵거나 지루한 시간이 된다.

대화에서 결국 내가 원하는 목적을 이루기 위해서는 그 대화가 즐거워야 한다. 그러기 위해서 상대방의 관심사에 맞는 고객 맞춤 대화를 잘 이끌어 가야 한다.

셋째, 상대방의 스타일에 맞춰 대화를 끌어간다. 사람의 생김새와 성격이 다르듯, 사람마다 말하는 스타일도 다르다. 말하는 것을 좋아해서 늘 유쾌한 사람이 있는가 하면, 다른 사람들 앞에서 말하기를 수줍어하고 힘들어하는 사람도 있다.

말하는 것을 좋아하는 사람과 대화할 땐 내 말수를 줄이고 그 사람을 무대 위에 세워야 한다. 이와 다르게 말하는 것을 수줍어하는 사람과 대화할 땐 적극적인 호응으로 자신감을 세워 주는 것이 좋다.

넷째, 연령, 지식, 환경 등의 수준에 맞춘다. 앞서서 이야기했듯, 어린아이와 대화할 때는 아이가 이해할 수 있는 언어로 말해야 한다. 그리고 의사가 환자를 대할 땐 환자가 이해할 수 있는 용어를 사용해서 쉽게 설명해야 한다. 이렇게 눈높이에 맞춰 대화해야, 내가 전달하고자 하는 바를 명확히 전달할 수 있다.

다섯째, 상대가 이해하는 속도에 맞춘다. 대화의 눈높이를 맞춘다는 것은 상대의 이해도를 고려한다는 것을 의미한다. 대화를 진행하면서 끊임없이 상대의 반응을 살펴야 한다. 그 반응을 통해 상대가 이해하고 있는지 아닌지를 파악해야 한다. 상대가 이해하지 못하는 것 같을 땐 대화의 속도를 조금 늦추자.

나를 울린
어느 학부모의 말

도모꼬는 아홉 살

나는 여덟 살

이 학년인 도모꼬가

일 학년인 나한테

숙제를 해달라고 자주 찾아왔다.

어느 날, 윗집 할머니가 웃으시면서

도모꼬는 나중에 정생이한테

시집가면 되겠네

했다.

앞집 옆집 이웃 아주머니들이 모두 쳐다보는 데서

도모꼬가 말했다.

정생이는 얼굴이 못생겨 싫어요!

오십 년이 지난 지금도

도모꼬 생각만 나면

이가 갈린다.

　권정생 선생의 시 < 인간성에 대한 반성문 2 >다. 이 시는 나쁜 말, 가슴에 상처 주는 아픈 말이 얼마나 오랫동안 사람의 가슴에 남는지 잘 보여준다.

　반면에 따뜻한 말 한마디에는 엄청난 긍정의 에너지가 담겨 있다. 따뜻한 말 한마디를 위해 상대방을 생각하고, 고민하며, 연민했을 에너지가 고스란히 담겨 있기 때문이다. 그래서 따뜻한 말 한마디는 생을 놓기 직전, 자살 순간의 누군가를 살리기도 한다. "친절한 말은 봄볕과 같이 따사롭다."라는 말이 괜히 있는 것이 아니다.

　학원의 신학기는 상상 이상으로 바쁘다. 새로운 학생의 적응을 도와야 하고, 학부모님과의 의사소통도 원활히 이루어져야 한다. 재원생들에게는 신학기에 걸맞은 이벤트로 흥미를 돋우고, 방학 동안의 성과를 칭찬해주며 학습의 동기를 부여해줘야 한다.

3월 4일 학교 개학 날, 나는 아침부터 화장실 갈 틈도 없어 바빴다. 개학에 맞춰 아이들과 약속했던 여러 시상식의 수상 결과를 발표해야 했다. 그리고 학부모에게는 수상 학생들의 결과물에 대해 한 분 한 분 피드백을 드리고 선물을 전달해야 했다.

뿐만 아니었다. 3월 개강 신규생들의 첫날 학습의 모습을 면밀히 관찰하고 학부모들과 소통해야 했다.

하루 종일 잠깐 쉴 틈이 없이 바쁘게 핸드폰으로 학부모들과 소통하던 중, 학부모 한 분께 기프트콘과 문자가 날아왔다.

"우리 아이에게 자신감을 심어 주시려고 멋진 상도 주시고, 정말 감사합니다. 원장님, 아이들에게만 선물 주지 마시고, 우리 원장님도 선물받으세요. 제가 드리는 상이에요. 이렇게 준비하기까지 얼마나 수고하셨을까요. 정말 감사합니다."

하루 종일 지칠 대로 지친 내 마음을 어루만지는 한마디였다. 나도 모르게 눈물이 한 방울 툭 떨어졌다. 내 수고는 당연한 것이라 생각했는데, 이렇게 세심하게 나를 생각하고 연민하는 말 한마디가 나를 토닥였다. 이 한마디로 나는 20년은 더 거뜬히 학원 일을 할 수 있을 것 같은 에너지가 샘솟았다. 지쳐 있던 나를 살렸다.

생각보다 학원 선생님들에게 그런 수고는 당연하다며 상처되는 말을 툭툭 던지는 학부모님들이 많다. 선생님들은 그저 서로를 토닥이며 견뎌낸다. 그런데 그렇게 상처투성이의 마음속에 이렇게 따뜻한 연고를 발라주다니, 고마워 눈물이 찡 돌았다.

예쁜 마음과 예쁜 연민, 그리고 예쁜 말을 건네주신 학부모님의 자녀에게 우리도 예쁜 시선으로 보답할 수밖에 없다. 원래도 예쁘고 사랑스러웠던 아이였지만, 이날 이후로 이 아이에게 자꾸 눈길이 더 가는 건 어쩔 수 없다.

Chapter 2

예쁜 말의 씨앗이
예쁜 대화의 꽃을 피운다

긍정적인 말을 많이 하는 사람과 부정적인 말을 많이 하는 사람은 그 인생이 다르게 흘러간다. 말하는 대로 우리의 뇌가 그렇게 될 준비를 하기 때문이다. 칭찬을 많이 듣는 아이는 긍정의 방향으로 강화되고, 비난과 비판을 많이 듣는 아이는 주눅이 들고 자신의 존재를 부정적으로 인식해 간다.

미국 하버드 대학 엘렌 랭어 교수는 '시계 거꾸로 돌리기' 실험으로 유명하다. 랭어 교수는 70대 후반에서 80대 초반의 남성 8명을 수도원에 모아 놓고 일주일간 함께 생활하도록 했다. 연구팀은 시계를 거꾸로 돌려 수도원 내부를 20년 전과 똑같이 꾸며 놓았다. 텔레비전과

라디오에서는 당시의 드라마, 영화, 방송들이 흘러나왔고 신문도 그 당시 것이었다.

실험자들은 두 가지 조건을 지켜야 했다. 첫 번째는 20년 전인 1959년으로 돌아가 당시의 자신처럼 지낼 것, 둘째는 청소와 설거지와 같은 집안일을 스스로 해결할 것이었다.

노인들은 실험에 참여하기 전까지만 해도 늙어서 모든 것이 힘에 부친다고 호소했고, 기력이 없어서 아무런 활동을 할 수 없다고 했다. 어떤 노인은 부축 없이는 거동이 힘들다고도 했다. 그런데 일주일간 스무 살 젊게 생활하자, 그들의 신체에서 변화가 일어났다. 청력과 기억력이 좋아졌고 관절의 유연성, 악력도 향상됐다. 전보다 빨리 걸었고 대화가 늘었다. 누가 봐도 건강이 좋아졌고 눈에 띄게 젊어졌다.

이 실험을 통해 랭어 교수는 우리를 빨리 늙게 만드는 요인은 신체적 노화가 아닌, 스스로 늙었다고 생각하는 심리적 시계에 따른 결과라는 사실을 밝혀냈다. 이처럼 우리의 뇌는 속이기가 쉽다. 그러니 나의 뇌가 듣고 속을 수 있도록 항상 긍정적인 말을 하자.

"엄마, 아기가 왜 이렇게 무거워?"

"조용히 해! 그런 소리 하면 큰일 난다!"

첫째를 품에 안았을 때 일이다. 꼬물대는 갓난 생명의 무게감이 생각보다 컸다. 별생각 없이 내뱉은 말에 엄마는 야단을 치셨다. 아기가 무겁다는 소리는 함부로 하면 큰일난다고 하셨다. 그때부터 아기가 아파서 몸무게가 줄어들 수 있단다. 미신을 믿지 않던 엄마가 손주 앞에서는 모든 것이 조심스러웠던 것 같다.

　나는 샤워를 할 때나 산책할 때 입버릇처럼 내 목표를 중얼거린다. 말이 씨가 된다는데, 말 한마디로 나는 씨를 심었다. 그러니 이제 물을 주고 햇볕을 주는 실천만 하면 되는 것 아니겠는가. 놀랍게도 그렇게 중얼거렸던 내 목표들은 시간이 흐르면서 거의 이뤄지고 있다. 말의 놀라운 힘이다.

　　의사 : 공주야, 여기 의자에 앉아보자. 하나도 안 아파.

　　딸 : 네? 이거 아플 수도 있는 거예요?

　　의사 : 아니야, 하나도 안 아파. 진짜야.

　　딸 : 엄마, 이거 아프면 어떡해?

　　의사 : 안 아파. 여기 쳐다보자. 안 아프다. 진짜로 안 아프다.

　　딸 : 엄마, 무서워.

　둘째 아이는 어릴 때부터 씩씩하고 야무졌다. 그래서 어릴 때부터 병원을 무서워하지 않았다. 주사를 맞을 때도 '엥' 소리 한 번 없이 씩씩하게 진료받았다. 그러던 딸이 치과에서 있었던 일이다. 그날도 씩씩하게 앉아 있는 딸에게 의사 선생님이 말씀하셨다.

"하나도 안 아파, 금방 끝날 거야."

그 순간부터 딸아이는 '아프면 어떡하지'라는 두려움에 사로잡혀 떨기 시작했다. 그런데 저런, 치료를 하는 내내 선생님의 "안 아파!" 소리는 쉼 없이 이어졌다. 사실, 선생님의 "안 아파!" 소리에 나도 긴장되었다. 그러니 어린 딸은 오죽했을까.

우리의 뇌는 무언가를 하지 말라고 하면, 바로 그것을 되새기며 기억하려고 한다. 눈을 감고 다음의 지시 사항을 따라보자.

> 지금부터 보송보송 하얀 털을 가진 강아지를 상상하지 마세요.
> 그 강아지가 밝게 웃으며 당신에게 달려오는 모습을 생각하지 마세요.
> 강아지가 당신을 보고 반갑다고 폴짝폴짝 뛰는 모습을 절대 떠올리지 마세요.

어떤가? 당신의 머릿속에 이미 예쁜 강아지 한 마리가 폴짝대고 있지는 않은가. 굳이 부정형을 사용해서 메시지를 전달할 필요가 없다는 이야기다.

실제로 운동선수들의 훈련에서 코치들이 사용하는 언어법이 있다. 하면 안 된다는 부정적인 명령 대신, 해야 한다는 긍정 명령을 주는 것이다. 예를 들면 "두 번 실수하면 안 돼!" 대신 "먼저 서브를 잘 넣자."라고 조언하는 것이다. 전문 수영 코치들이 "너무 빨리 헤엄치지

마!"라고 말하는 대신 "조금 더 천천히 꾸준히 헤엄쳐!"라고 말하는 것도 같은 이유다.

말의 힘은 그런 것이다. 우리의 뇌는 부정형을 더욱 강화해서 기억하려고 하기에, 말할 때 특히 조심해야 한다.

카이스트 대학에서는 부정적인 말이 뇌에 끼치는 영향을 알아보기 위해 실험을 진행했다. 29명의 고등학생을 대상으로, 언어폭력을 가한 그룹과 언어폭력을 당한 그룹으로 나누어 뇌의 변화를 관찰했다. 그 결과 언어폭력을 당한 그룹의 뇌는 해마의 크기가 작았고 뇌 회로의 발달이 늦었다.

그렇다면 언어폭력을 한 그룹의 뇌는 어떠했을까? 놀랍게도 언어폭력을 당한 그룹과 같은 결과가 나왔다. 언어폭력을 하면서 본인에게도 부정적인 언어가 들린 것이다. **부정적인 언어는 다른 사람의 마음을 다치게 할 뿐만 아니라, 자신의 마음도 다치게 한다.**

'문제'는 문제라고 입에 올리는 데서 시작된다. '고객 불만 센터'의 이름을 '고객 행복 센터'나 '고객 만족 지원 센터'로 바꾼다면 어떨까? 일단 민원을 제기하는 사람들의 마음가짐부터 달라질 것이다. 불만을 제기하기 위해 찾는 곳이 아닌, 나의 불편을 만족으로 바꿔 줄 수 있는 곳이라는 생각이 들지 않을까?

그렇다면 찾아가는 발걸음에 짜증이 한 스푼 덜어질 것이다. 그리고 그곳에서 근무하는 직원들 또한 고객의 불만을 처리하는 부서가 아닌, 고객의 만족을 높여 주는 부서라는 인식에 근무 만족도 함께 올라가지 않을까.

인디언 속담에 "같은 말을 만 번 반복하면 반드시 미래에 그 일이 이루어진다."라는 말이 있다. 부정적인 말을 반복하는 사람의 삶은 부정적인 일들로 가득찰 것이다. 반면에 긍정적이고 예쁜 말들을 반복하는 사람의 삶은 희망적인 날들로 가득찰 것이다.

심리학자 빅터 플랭클은 "더는 상황을 바꿀 수 없다면 우리 자신을 바꾸는 수밖에 없다."라고 했다. 이미 주어진 환경을 바꿀 수 없다면, 환경 속의 조건은 내가 선택할 수 있다. 그리고 그 선택은 온전히 나의 몫이다. 같은 상황이라면 긍정적인 말들로 희망의 씨앗부터 심어야 하지 않을까.

팔다리가 없이 태어난 닉 부이치치, 그리고 네 개의 손가락으로 피아노를 치는 이희아 피아니스트의 삶을 보라. 이들이 주어진 환경을 탓하며 본인을 삶을 불평만 했다면, 오늘날의 이들은 존재하지 않았을 것이다.

이들은 남과 다름을 인정하고 사람들 앞에 서기 위해 부단히 노력했다. 상황을 탓하기보다는, 자신들이 이곳에 존재하는 뜻이 있을 거라 여겼다.

이제 우리도 이렇게 말해보는 건 어떨까?

지각하지 마세요. → 9시 정각에는 모두 자리에 착석해 있도록 합시다.

무서워하지 마. → 내가 옆에 있으니까 괜찮아.

늦잠 자지 마. → 내일은 7시에 일어나자.

짜게 먹지 마. → 재료 하나하나의 맛을 음미해봐.

예쁜 말에는 응원과 격려가 담겨 있다. 부정적인 말들로 타인에게 상처 주고 나의 삶을 황폐화하는 대신, 예쁜 말 한마디를 건네자. 타인에게 건네는 예쁜 말은 나의 귀에도 들린다. 긍정적이고 예쁜 말은 타인뿐만 아니라 나의 삶도 변화시켜 줄 것이다.

무엇보다 그런 예쁜 말들을 본인에게 건네는 일도 게을리하지 말자. 산책할 때, 샤워할 때 긍정의 메시지를 자꾸 중얼거리길 바란다. 놀랍고 신기하게 변해 가는 내 모습이 보일 것이다.

험담이 들릴 땐,
머릿속 스위치를 잠깐 끄자

유럽의 작은 마을에서 한 사내가 랍비를 험담하며 다니고 있었다. 그러던 어느 날 사내는 양심의 가책을 느꼈다. 자신의 실수를 깨달은 그는 랍비를 찾아가 어떠한 벌이라도 달게 받겠다며 용서를 빌었다. 랍비는 사내에게 베개를 칼로 찢어 안에 든 깃털을 전부 바람에 날려 보내고 다시 찾아오라고 했다. 사내는 랍비가 시킨 대로 하고는 다시 랍비를 찾아갔다.

사내 : 이제 저는 용서받은 건가요?
랍비 : 아직 한 가지 일이 남았소. 그 깃털들을 전부 주워 오십시오.

사내 : 그건 불가능합니다. 깃털들이 모두 바람에 날아가 버렸거든요.

랍비 : 그렇소. 날아가 버린 깃털을 다시 주워 담지 못하듯, 당신이 내뱉
은 말로 인한 피해를 되돌리기란 불가능합니다.

말이란 이렇게 무섭다. 생각 없이 한 험담이 누군가에게는 씻을 수 없는 아픔이 되어 지워지지 않을 수 있다. 말로 실추시킨 타인의 명예는 되돌리고 싶어도 되돌릴 수 없는 경우가 많다. 그래서 아무리 친한 사이라 해도 함부로 사생활을 화제로 삼으면 안 된다. 험담의 내용이 사실이어도 당사자가 아닌 한, 제멋대로 그 말을 전달할 권리는 없다.

하물며 험담의 내용이 검증되지 않은 내용일 땐 더더욱 가십거리 삼아 말을 옮기면 안 된다. 험담의 내용이 사실이 아닐 땐 그 뒷감당을 어떻게 할 것인가? 남의 인생이니 나와는 상관없다고 생각할지도 모르겠다. 하지만 그 험담의 주인공이 내가 된다고 해도 같은 마음일까?

2010년, 가수 타블로의 스탠퍼드 대학 학력 위조 사건이 불거진 적이 있다. 당시 '타진요타블로에게 진실을 요구하는 사람들의 모임'라는 카페가 만들어져서 타블로의 학력 위조에 대해 집요하게 파고들었다. 한 사람의 터무니없는 의심이 이 사건을 얼마나 크게 키웠는지, 〈그것이 알고 싶다〉에서 심도 있게 취재했을 정도였다.

타블로는 그것이 허위 사실임을 끊임없이 주장했다. 하지만 당시 한국인의 최소 30% 정도가 이 허위 사실을 진실로 믿을 정도였다고 한다. 그 이후 타블로의 스탠퍼드 대학 졸업장이 진실임이 밝혀졌다. 하지만 타블로가 대중으로부터 받은 상처는 완전히 씻길 수 있었을까? 얼마큼의 세월이 흘러야 타블로는 그 아픔을 완전히 잊을 수 있을까?

당시에는 타블로의 친한 연예인들도 모두 그를 외면했다고 한다. 타블로에게는 인생을 살며 가장 힘들고 괴로운 시간이었을 것이다. 하지만 이 사건을 제기한 사람에게는 이 사건이 그저 해프닝에 불과할 수도 있다.

우리는 왜 이렇게 남의 험담을 즐겨하는 것일까? 상대방과 한편이 되어 이야기를 이어 가기에는 험담만 한 게 없어서? 단순히 말 습관 때문에? 아니면 험담을 통해 상대방보다 우월한 느낌을 가지려고? 어떤 이유에서건 좋은 이유는 아닌 게 확실하다.

사실 사람들은 남의 장점을 칭찬하는 일보다 단점을 찾아 험담하는 일에 훨씬 더 재미를 느낀다. 누군가가 얼마나 좋은 남편인지, 얼마나 훌륭한 직원인지, 얼마나 성격이 좋은지 칭찬하는 일에는 별 재미가 없다. 그보다는 누군가가 바람을 피웠네, 파산신청을 했네, 부부싸움을 했니 하면서 남의 불행을 이야기하면서 훨씬 더 재밌어 한다. 하지만 험담은 열등감의 표현이다.

〈컬투쇼〉에 이와 관련한 재미있는 사연이 소개된 적이 있다.

버스 뒷자리, 아주머니 두 분이 옆집 여자의 불륜에 대해 한창 이야기하고 있었다. 그 이야기가 어찌나 흥미진진한지 사연자도 집중해서 듣고 있었다. 그러던 중 앞자리에 앉았던 한 아주머니가 벌떡 일어나더니, "나 다음 정거장에서 내려야 하는데 빨리 결론부터 말해줘요!"라고 외쳤다.

그러자 뒷자리에 앉아 있던 할아버지가 "안 되지! 나도 궁금해서 벌써 내려야 할 정거장을 세 정거장이나 지난 채 듣고 있는데, 시시하게 빨리 끝내면 안 되지!"라고 말했다고 한다.

어째서 험담의 대상은 늘 자신과 사회적 지위가 비슷한 사람이거나 우월한 사람들일까? 우리는 친한 친구, 친한 옆집 부부, 직장 동료, 상사들에 대해 험담하길 즐겨한다. 왜냐하면 그들의 평판을 깎아내리는 험담을 하면서 우월감을 느끼기 때문이다.

사람들은 나보다 우월하고, 부유하며, 유명한 사람의 불행을 이야기하면서 평범한 자신들의 삶이 더 행복하다고 안도한다. 조금 치사하지 않은가? 당사자 앞에서 하지 못할 말이라면 타인 앞에서도 하지 않는 것이 옳다.

남 이야기하기를 좋아하는 사람은 흔히 '정보통'으로 불린다. 하지만 정보통은 다른 사람들에게 호감도 높은 사람으로 비치지는 않는다. 도리어 그 사람에게 뒷담화의 표적이 될까 봐, 그 사람을 피하기도 한다.

남 험담하기를 즐겨하면 그 행위가 독이 되어 자신에게 돌아온다. **상대가 앞에서는 맞장구치며 즐거워하는 듯 보일지 몰라도, 속으로는 '이 사람은 다른 데 가서도 이렇게 내 욕도 하겠지?'라고 생각한다.** 남 앞에서는 웃고 뒤에서는 험담하면, 반드시 나에게 '상종 못할 사람'이라는 평판으로 돌아온다.

험담이 들릴 때는 어떻게 해야 할까? 상대의 말에 맞장구쳐야 할까? 아니면 무턱대고 대화를 잘라 버려야 할까?

대화 가운데 누군가의 험담이 들릴 때는 '모른다' 모드로 전환하는 것이 좋다. 그러면 상대의 말을 무턱대고 잘라서 상대를 무안하게 만드는 일을 피할 수 있다. 그리고 험담에 맞장구쳐서 누군가를 아프게 할 일도 없다.

타인에 대한 이야기는 직접 경험한 것만을 이야기하면 된다. 그렇지 않은 것은 '모른다'로 일관하자.

A : 김대리 성형한 거 맞지?

B : 잘 모르겠는데?

A : 잘 봐, 눈하고 코가 좀 부자연스럽잖아. 분명히 성형했을 거야.

B : 그런가? 난 잘 모르겠어.

A : ○○씨는 A형이라서 저렇게 소심한가 봐.

B : 그래? 난 잘 모르겠던데.

A : 같이 일해봐. 정말 소심하다니까.

B : 아직은 잘 모르겠어.

생각만 해도 속상한 일이지만, 누군가는 나를 험담하고 다닐 것이다. 일일이 쫓아다니며 막을 수도 없는 노릇이다. 이때는 사실 칭찬까지는 아니더라도 최소한 허무맹랑한 소문을 만들지 않기를 바랄 것이다. 사실에 부합한 이야기만 해주길 바랄 것이다. 똑같이 생각하자. 나 또한 누군가에 대해 이야기할 땐, 남들이 나에게 해줬으면 하는 만큼 공정하게 할 수 있기를 바란다.

이 세상의 그 누구도 단점만 가진 사람은 없다. 아무리 단점 투성이라도 장점 하나씩은 가지고 있다. 그 장점을 찾는 연습을 해보길 추천한다. 누군가의 단점이 보이려고 할 때면 의식적으로 그 사람의 장점을 떠올려보자. 그러면 어느 순간 당신의 평판이 달라져 있을 것이다. 타인을 긍정적으로 바라보려고 애쓰는 만큼, 나 또한 누군가에게 긍정적으로 보이게 된다는 사실을 명심하자.

그래서 전승환 작가의 《나에게 고맙다》의 한 구절이 더욱 가슴에 와닿는다.

"낯설게 느껴지는 책도 막상 읽다 보면, 단 한 줄이라도 배울 수 있는 구절이 있고 영감을 주는 단어가 있다. 이처럼 나와 다른 사람에게도 '당신이라는 사람, 한 번 읽어 내려가보자'라는 마음만 갖는다면, 적어도 알게 모르게 품고 있던 상대에 대한 선입견에서 자유로워지지 않을까. 세상을 살아가면서 만나는 사람들은 모두 다른 장르의 '책'이다. 각자에게 주어진 인생의 작가로서 이야기를 써 내려가고 있는 것이다. 나는 그 '책'을 읽기 위해 노력하고 자세히 살펴보려고 한다. 이 세상에 쓸모없는 책이 없는 것처럼 사람도 마찬가지다."

거절도 기분 나쁘지 않게 하는
매력적인 너

거절을 유달리 힘들어하는 사람들이 있다. 거절했을 때 상대방이 상처받을까 봐 두려워하는 마음이 큰 사람들이다. 타인에 대한 배려심이 크기 때문이기도 하다. 이런 사람들은 어릴 때부터 거절하는 게 익숙치 않아, 성인이 된 이후에도 거절의 상황이 곤혹스럽다.

거절은 상대방의 존재 자체를 거부하는 행위가 아니다. 내가 거절하는 것은 그저 상대의 요청일 뿐이다. 문제는 거절 자체가 아니라 거절하는 태도에 있다.

내 상황이 안 되는 데도 불구하고 거절하지 못해 끌려다니며 불평하는 것보다는, 정중하고 부드럽게 거절하는 것이 좋다. 그편이 오히려 상대도 편하다.

　부드럽고 정중한 거절은 어떻게 할 수 있을까?

　첫째, 부탁에 대해 좋은 평가를 하라. 이는 부탁한 상대방이 무안하지 않기 위해서다. 거절을 당하는 입장에서는 무안할 수밖에 없다. 하지만 첫마디가 어떻게 시작되느냐에 따라 상대는 무안함을 느끼지 않을 수도 있다. 이렇게 말하자.

　"쉽지 않은 부탁이었을 텐데, 저를 믿고 이런 부탁을 해주시다니 감사합니다."

　"저의 능력을 좋게 봐주시고, 이런 부탁을 해주시니 감사합니다."

　"저에게 특별히 이런 부탁을 해주시니 정말 기분 좋습니다."

　둘째, 구체적으로 거절 이유를 밝혀라. 첫마디를 좋은 평가로 시작했다면 이제 거절의 이유를 분명히 밝혀야 한다. 거절의 이유가 분명하지 않고 애매하거나 모호하면 상대는 상상하게 된다. 그리고 오해하거나 마음이 상할 수 있다. 그러니 거절할 수밖에 없는 이유를 둘러대지 않고 분명하게 이야기하자.

　"사실 제가 이 분야에서 손을 뗀 지 몇 년이 지나다 보니, 혹여나 예전의 지식으로 섣부르게 도움을 드렸다가 일을 그르치게 될까 봐 걱정이 됩니다. 제가 도움이 못 되어 죄송합니다."

　"제가 이번 달에 행사를 많이 진행하다 보니, 몸과 마음이 많이 지친 상태입니다. 주말도 모두 반납하면서 일하고 있는 데도 불구하고 일이 많이 밀려 있는 상태입니다. 괜히 마음만 앞섰다가 일을 모두 그르치게 될까 봐 걱정이 되네요. 죄송하지만 정중히 거절하는 게 나을 것 같습니다."

셋째, 거절에 대한 대안을 제시하라. 거절은 상대의 존재에 대한 거절이 아니라 상대의 요청에 대한 거절이다. 그러므로 그 요청에 대한 다른 대안을 제시함으로써, 상대와의 관계를 계속 이어 갈 수 있어야 한다. 거절하더라도 인간관계는 계속되어야 한다. 그러므로 다음을 기약하며, 이렇게 말할 수 있다.

"다음 달에는 시간적 여유가 있습니다. 그때도 이와 같은 일이 있다면 꼭 도와드리겠습니다."

"최근 몇 년은 교육 관련 일에 매진하고 있습니다. 이 분야와 관련된 도움은 언제든 환영입니다. 그땐 자신 있게 도와드리겠습니다."

이런 거절의 방법은 샌드위치 기법과도 유사하다. 샌드위치 기법이란 전달할 내용의 핵심은 중간에 넣고, 대화의 처음과 끝을 긍정적인 프레임으로 감싸는 대화 형식이다. 즉 샌드위치처럼 핵심이 되는 재료를 중간에 넣고, 바깥은 부드러운 빵으로 감싸는 것이다. '긍정적인 시작, 거절 내용, 긍정적인 마무리'의 형식이다. 이 거절의 방법은 요청에 대한 거절뿐만 아니라, 하기 어려운 이야기를 할 때도 효과적이다.

- 긍정적인 시작(부탁에 대한 좋은 평가)

- 거절 내용(하고자 하는 말)

- 대안 제시(긍정적인 마무리)

긍정적인 시작 : 과장님, 팀 화합을 위해서 매번 이렇게 회식을 열어주셔서 너무 좋습니다.

거절 내용 : 그런데 과장님, 매번 음주하고 집에 들어갈 때마다 아내와 아이들이 무척 싫어하고 분란이 일어납니다. 일전에 몸에 이상이 있어 병원에서 간 수치도 확인했는데, 좋지 않게 나오더라고요. 상황이 좋아지면 그때 다시 잔을 들겠습니다.

대안 제시 : 대신, 오늘은 제가 과장님 옆에 꼭 붙어서 술잔이 비지 않도록 채워드리겠습니다.

한 여직원이 회사에서 속앓이 중이었다. 자신이 신입일 때는 당연히 부장님께 커피를 타드려야 한다고 생각했다. 그런데 시간이 지나고 승진한 뒤에도 부장님의 커피 심부름은 여전히 자신의 몫이었다. 다른 남자 직원들은 모두 자기 일에만 집중하고 있는데, 중간중간 부장님의 커피 심부름을 하는 자신이 못나 보이기까지 했다.

여직원은 어렵게 결심했다. 이제는 이야기할 때가 된 것 같았다.

긍정적인 시작 : 부장님, 입사 때부터 부장님의 커피를 챙겨드리며 가까

이할 수 있어서 영광이었습니다.

거절 내용 : 그런데 저도 이제 프로답게 제 일에만 집중하고 싶습니다.

부장님의 커피 심부름이 싫어서가 아니라, 업무에 집중하고

싶은 마음을 전달하고 싶습니다.

대안 제시 : 오늘 이 커피는 제가 부장님께 타드리는 마지막 커피였으면

좋겠습니다. 대신 제가 업무가 바쁘지 않은 날은 기분 좋게

부장님께 직접 커피를 타드리겠습니다.

이런 거절을 받은 부장님은 기분이 나쁘지 않을 것이다. '이 한마디
를 위해 이 직원이 얼마나 고민했을까' 하는 생각도 들 것이다. 커피
심부름이 싫어서가 아니라, 본인의 업무에 집중하고 싶은 프로다운
모습을 위해서라고 하니 거절할 이유가 없다. 그리고 업무가 바쁘지
않을 땐 기분 좋게 커피를 타 준다고 하니, 그 또한 얼마나 예쁜 제안
인가? 거절도 얼마든지 예쁘게 할 수 있다.

특히 여자들은 거절에 많은 의미를 부여한다. 거절했을 때 그 사람
이 나를 미워하면 어쩌나, 나의 거절로 상처받으면 어쩌나 등등 많은
생각을 한다. 그래서 상대의 기분 나쁜 농담도 "좋은 게 좋은 거지."
하며 그냥 넘어간다. 그러면 상대는 그 농담으로 당신이 상처받았다
는 사실을 영원히 모른다. 그리고 농담은 계속 반복된다.

그러니 분명하게 거절하자. "그 별명은 삼가십시오." "그 농담을 들으면 기분이 좋지 않습니다." 이런 정중한 말로 분명하게 말해야 한다. 그래야 반복되지 않는다. 분명한 거절이 상대를 나쁜 사람으로 만들지 않는 방법일 수도 있다는 점을 기억하자.

다음 사항을 따라 연습해보자.

① **작은 것부터 거절할 줄 알아야 한다.** 우리는 작은 것을 등한시하는 경향이 있다. 그래서 베테랑 영업사원의 경우, 처음부터 큰 건을 가지고 부탁하거나 영업하지 않는다. 그들은 '1분만 시간을 주시겠어요?'와 같은 작고 사소한 부분부터 접근한다. 그렇게 시작한 대화의 물꼬가 결국 큰 건의 성공으로 이루어진다.

이처럼 '사소한 일인데, 뭐 괜찮겠지' 하는 마음으로 작은 부탁들을 거절하지 못하고 받아들인다. 거절의 불편한 상황을 최대한 피하고 싶어서 작은 것들은 그냥 들어주게 되는 것이다. 그러나 반드시 기억하자. 사소한 작은 것을 거절하지 못하면 정말 중요한 문제도 거절하지 못한다는 사실을 말이다.

A : 아래 커피숍에 새로운 음료가 출시됐대요. 한라봉 에이드인데 제가 사드릴게요.

B : 아, 네. 감사합니다.

위 대화가 무엇이 문제냐고? 사실 B는 탄산을 좋아하지 않는다. 특히 요새 체중 조절 중이어서 탄산은 더더욱 피하고 싶었는데, 동료 직원이 기분 좋게 사준다는 말에 거절하지 못했다. 음료 한 잔으로 어색한 상황을 만들고 싶지 않았던 것이다.

하지만 이런 상황은 정말 작은 거절이니 상대방도 기분 나쁘지 않을 것이다. 그러니 다음과 같이 말해보자. 사주는 사람도 거절하는 사람도 얼마든지 기분 좋을 수 있다.

> A : 아래 커피숍에 새로운 음료가 출시됐대요. 한라봉 에이드인데 제가 사드릴게요.
>
> B : 정말요? 그런데 어쩌죠. 사실은 제가 탄산을 별로 좋아하지 않아서요. 가능하다면 한라봉 에이드 말고 아이스 아메리카노로 부탁드려도 될까요?
>
> A : 탄산을 싫어하시는지 몰랐어요. 실수할 뻔했네요. 미리 말씀 주셔서 감사해요.
>
> B : 얻어먹는데, 제가 감사하죠.

② 거절 표현일수록 표현을 담백하게 한다. 만약 위의 상황에서 미안한 마음에 구구절절 사과하면서 너무 진지한 분위기로 상황을 몰고 가면, 상대가 오히려 불편해진다. 내가 먹기 싫은 상황을 구구절

절 설명할 필요도 없고, 너무 진지해질 필요도 없다. 담백하게 사실만 전달하면 깔끔하다.

> A : 아래 커피숍에 새로운 음료가 출시됐대요. 한라봉 에이드인데 제가 사드릴게요.
>
> B : 음, 어쩌죠? 정말 정말 죄송해요. 어떻게 말씀드려야 할지 모르겠는데, 정말 죄송한데, 제가 ○○씨의 마음을 모르는 건 아니거든요. 그런데 저, 사실은 제가 탄산을 별로 좋아하지 않아요. 별나다고 생각하실지도 모르겠어요. 근데 비싼 돈 주고 사주시는데, 안 먹으면 너무 죄송할 것 같아서 말씀드려야 할 것 같아서요.
>
> A : 그냥 편하게 말씀 주셔도 되는데요.

"사실은 제가 탄산을 별로 좋아하지 않아서요. 한라봉 에이드 말고 아이스 아메리카노로 부탁드려도 될까요?" 혹은 "○○씨가 사준다니 더더욱 먹고 싶긴 한데, 제가 요새 마음먹고 체중 조절을 시작했어요. 다음번에 사주시면 꼭 먹을게요." 정도가 좋다. 진실은 담되, 담백한 표현일수록 상대방에게도 무겁지 않다.

③ **상대의 제안에 즉시 답해야 한다는 강박에서 벗어나자.** 우리는 시간적인 압박을 받았을 때 결정하기가 더 어렵다. 그러므로 스스로에게 시간적 여유를 허락하자.

"하루만 생각해보고 답해도 될까?"

"제안 주신 내용은 확인 후 이틀 내로 회신드리겠습니다."

"언제까지 답변드리면 될까요? 그때까지 충분히 고려해보고 말씀드리겠습니다."

'착한 아이 콤플렉스'를 가지고 있는 사람들은 거절을 잘하지 못한다. 거절을 누군가에게 상처를 주는 행위라고 생각한다. 그래서 나를 힘들게 하는 부탁도 기꺼이 들어주려고 노력한다. 그리고 혼자서 끙끙댄다. 타인의 부탁을 들어주는 것이 나에겐 힘든 일이 되어서는 안 된다.

하나만 기억하자. 거절은 하나의 의사 표현일 뿐이다. 정중한 거절은 상대와 나 두 사람 모두를 위해 꼭 필요한 기술이다.

모르는 걸 모른다고 말하니, 더 믿고 싶다

'장님 코끼리 만지기'라는 말은 눈먼 장님 하나가 코끼리 다리를 만지며 코끼리는 기둥 같이 생겼다고 말하고, 또 다른 장님은 코끼리 코를 만지며 코끼리는 뱀 같다고 말했다는 이야기에서 유래한다. 즉 아주 작은 단편적인 지식을 가지고 전체를 아는 것처럼 하는 행동을 비꼬는 표현이다.

우리 주변에 이런 대화를 즐겨하는 사람들이 있다. 어떤 주제의 이야기든 전문가처럼 말하는 이들이다. 조금 아는 것을 전체를 아는 것처럼 말하는 이들은 티가 난다. 이들의 말에는 신뢰가 가지 않는다.

A : 나 이번에 경매로 집을 하나 사려고.

B : 경매로 나도 재미 좀 봤지.

A : 그래? 그럼 경매에 대해 좀 알겠네?

B : 웬만한 건 좀 알지. 모르는 거 있으면 나한테 물어봐.

A : 경매하는 줄은 몰랐었네? 경매 공부한 지는 얼마나 됐는데?

B : 한 반년 됐나? 원래 내가 관심이 좀 많아서 웬만한 건 이제 전문가
　　이상이야.

　만약 이 사람 앞에 진짜 경매 전문가가 있었다면, 이렇게 쉽게 말
하지는 못했을 것이다. 많은 사람 앞에서 공식적으로 무언가를 말할
때, 사람들은 대체로 매우 조심스럽다. 자신이 말할 주제에 대해서
끊임없이 공부하고, 찾고, 고민해서 대중 앞에 선다. 수많은 사람이
자신의 말을 듣고 있고, 그것이 공식적인 기록이 될 수도 있다는 사
실을 잘 알기 때문이다.

　하지만 일상적인 대화에서 사람들은 쉽게 전문가가 되곤 한다. 예
를 들어 한 친구가 절세에 대해 고민하면 마치 세무사가 된 듯 절세
방법에 대해 조언해준다. 그리고 누군가가 사업에 대해 고민하면 그
즉시 전문 컨설턴트로 변신한다. 내용이 틀리면 어쩌나 고민하지 않
는다. 어차피 둘만 아는 내용이기 때문이다.

　이들은 아는 척으로 허세를 부린다. 물론 나쁜 의도가 있는 건 아니

다. 그저 아는 척하고 싶을 뿐이다. 시인 알렉산더 포프는 말했다.

"가장 위험한 짓은 조금만 배우는 것이다."

비슷한 우리나라 속담도 있다.

"선무당이 사람 잡는다."

조금 아는 것을 해박한 것처럼 말하는 것은 상대뿐만 아니라 본인에게도 바보 같은 일이다. 상대방은 이 사람이 그 주제에 대해 해박한지 아닌지를 금세 눈치챌 수 있다. 그리고 허세인 것이 느껴지는 순간, 그 사람은 가벼워 보인다. 신뢰를 잃는다.

A : 골프채는 그렇게 잡는 게 아니지.

B : 레슨 받고 있는데 쉽지가 않네.

A : 어디 봐. 내가 봐줄게.

B : 응? 프로님은 이렇게 잡으면 안 된다고 하던데.

A : 이 사람아. 내가 반전문가야. 이렇게 하면 돼.

B : 그래?

이렇게 조금 아는 것을 잘 아는 것처럼 행동하는 데는 몇 가지 이유가 있다.

첫째, 주인공이 되고 싶은 심리 때문이다. 무언가에 대해 알려 주기 시작하는 순간 사람들의 시선이 자신에게 쏠린다. 그리고 그 사람은 대화의 주인공이 된다. 자신의 이야기에 집중하고 있는 사람들을 보며 우월감을 느낀다. 이 우월감은 중독성이 있어서, 한 번 맛보면 쉽게 끊기 어렵다.

둘째, 다른 사람에게 도움받기를 꺼리는 마음 때문이다. 고도의 경쟁 사회에 들어서면서, 마치 도움을 요청하는 것이 일종의 결함처럼 생각하게 되었다. 그래서 모른다고 말하면 안 될 것 같은 느낌을 가진다. 심지어 초행길에서도 내비게이션을 사용하지 않는 사람들이 있다. 이들은 몇 번이고 길을 헤매도 물어보는 것보다 차라리 헤매는 걸 택한다.

셋째, 무지를 인정하고 싶지 않아서다. 스티븐 레빗과 스티븐 더브너는 《괴짜처럼 생각하라》에서 영어에서 가장 말하기 어려운 세 단어가 바로 "I don't know."라고 했다. 이들은 이와 관련한 재미있는 연구 결과를 소개했다.

5~8세 아이들에게 질문을 던지자, 75%의 아이들이 정답을 모르면서도 아는 체했다. 이뿐만 아니다. 성인들을 대상으로도 같은 질문을 던졌다. 그러자 아이들에 비해서는 낮았지만 25%의 사람들이 제대로 알지 못하는 내용을 아는 체했다. 힘이 있거나 지위가 높은 사람일수록 무지를 인정하지 않는 경향이 더 높았다고 한다.

하지만 진짜로 부끄러운 것은 무언가를 모른다는 사실 그 자체가 아니다. 모르는 것을 아는 척하는 허세다. 그리고 대다수 사람은 모르는 것을 아는 척하는 사람보다는 솔직히 모른다고 고백하는 쪽에 더 호감과 신뢰감을 느낀다.

한 실험에서 의사에게 치료법을 잘 모를 때 환자들에게 "잘 모르겠습니다."라고 말하도록 했다. 실험 결과는 의외였다. 그 말을 들은 상당수의 환자가 오히려 의사에게 신뢰감을 더 느꼈다. 환자들도 의사가 모든 것을 다 안다고 생각하지 않는다. 그렇기에 오히려 의사가 솔직히 인정하고 최선을 다하는 모습을 보기 원한다는 것이다.

때로는 상대와 대화할 때, 잘 알고 있는 부분도 모르는 척해보자. 내가 모르는 척함으로써 오히려 상대를 무대의 주인공으로 세워 줄 수 있다. 즉 상대가 마음껏 아는 척할 수 있도록 상대만을 위한 무대를 만들어주는 것이다. 상대가 그런 나와 대화하며, 얼마나 즐겁겠는가.

한 베테랑 영업사원이 있다. 그와 한 번 관계를 맺은 고객들은 이 영업사원만을 고집했다. 영업사원이 바뀌면 거래처를 바꾸겠다고 말하는 사람이 있을 정도였다. 그에게는 한 가지 주목할 만한 점이 있었는데, 바로 그의 대화법이다.

고객과 대화할 때 절대 아는 척하지 않는 것이다. 설령 본인이 잘 알고 있는 분야에 대한 것이라도 절대 아는 척하지 않았다. 그는 고객을 무대 위로 세워 주기를 기꺼이 즐겼다. 그와 함께 대화하는 고객들이 얼마나 즐거웠을지 상상이 가는가.

다음은 그의 사례다. 그가 맡고 있는 고객 중에 골프 마니아가 있었다. 사실은 이 영업사원 또한 골프 마니아였다. 하지만 그는 항상 자신을 낮췄다.

A : 맞다! 고객님 이번에 홀인원 하셨다면서요? 대단하십니다.

B : 하하하, 뭘요. 골프 좀 치세요?

A : 열심히 연습 중입니다. 저는 언제쯤 홀인원 한 번 해볼 수 있을까요?

B : 아, 아직 홀인원을 못해보셨군요.

이날 이 영업사원은 골프와 관련하여 고객과 끝없이 대화를 나눴다. 이 대화 과정에서 영업사원은 고객과 관련한 추가 정보들을 얻어낼 수 있었다. 고객의 취향은 물론 세세한 라이프 스타일에 대한 정보까지 얻으면서, 이날 영업사원은 실적을 만들어냈다. 물론 돈독해진 인간관계는 덤이었다.

그 긴 대화 시간 동안 영업사원은 열심히 질문과 감탄의 리액션을 보냈을 뿐이었다. 만약 이날, 이 영업사원이 본인이 알고 있는 골프 지식을 한껏 뽐냈다면 이 대화는 어떻게 흘러갔을까?

우리는 우리의 한계를 인정하고 스스로에게 솔직해져야 한다. 장님 코끼리 만지듯 하는 말과 행동을 멈추자. 공자는 "아는 걸 안다고 말하고, 모르는 걸 모른다고 말하는 것이 진짜 아는 것이다."라고 하지 않았는가.

　모르는 것을 인정하는 것이 결코 부끄러운 일이 아니다. 모르는 것을 아는 척하는 사람보다, 모르는 것을 솔직히 모른다고 말하는 사람에게 더 신뢰감이 간다. 자존감이 높을수록 본인의 한계를 말하는 데 솔직하다.

　조금 아는 것을 잘 아는 척함으로써 스스로를 가볍게 만들지 말자. 한계에 대해 솔직해질 때, 무지에 대해 당당해질 때 말의 무게감은 더 깊어진다.

아픈 말도
열린 마음으로 듣습니다

대화를 나누면서 평정심을 잃는 순간이 있다. 누군가가 나를 심하게 비난할 때다. 그런 비난 속에서 평정심을 유지하기란 쉽지 않다. 하지만 이런 비난은 그저 그 사람의 생각일 뿐, 진짜 내가 아니다. 그러니 그냥 흘려보내자.

스탠퍼드 대학 심리학과 캐롤 드웩 교수는 개인의 태도가 어떻게 긍정적인 비판 수용에 영향을 미치는지 《마인드셋》을 통해 여실히 보여준다. 성공하는 사람과 실패하는 사람의 차이는 마인드셋_{마음가짐}, 배우려는 태도와 배우지 않으려는 태도에 달려 있다는 것이다.

드웩 교수는 개인의 '고정된 태도'와 '성장 마인드셋' 개념을 제안했다. '고정된 태도'를 가진 사람들은 실패나 비판을 자기 능력의 한계로 받아들인다. 반면 '성장 마인드셋'을 가진 사람들은 실패를 성장할 수 있는 기회로 삼는다.

'고정된 태도'를 가진 사람들은 자신의 능력이 한정되어 있다고 생각한다. 그래서 실패나 부족한 부분을 개선하기 어렵다고 믿는다. 이들은 실패를 피하려고 할 가능성이 높다.

반면 '성장 마인드셋'을 가진 사람들은 실패나 어려움을 도전으로 받아들인다. 그리고 노력을 통해 능력을 향상시킬 수 있다고 믿는다. 이들은 자신의 능력을 개선하고 발전시키는 데 초점을 두며 성취를 추구한다.

'성장 마인드셋'을 가진 사람들은 비판적인 대화에서조차 성장의 요소들을 찾아내고 발전시킨다. 이들은 일단 긍정적인 비판을 수용하는 자세를 가진다. 대화 파트너가 피드백을 주거나 의견을 나누는 경우, 비판을 더 건설적으로 받아들이고 개선하려고 노력한다. 따라서 이들은 의지를 가지고 대화에 참여하게 되고, 그만큼 대화의 질은 향상될 수밖에 없다.

고객 : 아니, 무슨 커피가 이렇게 써요. 다시 주든지 환불해줘요!

직원 : 손님, 환불은 안 됩니다. 그리고 지금껏 다른 손님들은 아무 말 없었어요.

고객 : 내 입에 쓰다면 쓴 거지!

직원 : 일단 다시 해드릴게요.

고객 : 진작 그럴 것이지.

고객 : 아니, 무슨 커피가 이렇게 써요. 다시 주든지 환불해줘요!

직원 : 그러셨어요? 잠시만요, 손님. 제가 확인해볼게요.

고객 : 에이 참.

직원 : 덕분에 원두를 다시 한 번 확인했습니다. 감사합니다. 제가 맛있
　　　게 다시 만들어드릴게요.

고객 : 네, 감사합니다.

　커피는 당연히 쓰다. 쓴 커피가 싫으면 연한 커피를 주문했으면 될 일이다. 하지만 후자의 사례에서 직원은 고객의 불만에 기분 나빠하기보다는 개선의 의지를 보였다. 비난을 비난으로 받아들인 것이 아니라, 혹시라도 있을지 모를 문제점을 다시 한 번 확인해보는 계기로 삼은 것이다.

　이 직원은 '성장 마인드셋'을 지닌 사람이다. 이런 자세를 가지고 있는 사람에게는 설령 심사가 약간 꼬인 사람이라도 감동받을 것이다.

　우리는 '비판을 위한 비판'과 '건설적인 비판'을 구분할 줄 안다. 나에게 향하는 비판이 비판을 위한 비판인지, 진심을 담은 충고인지 구

분할 줄 안다는 것이다. 하지만 아무리 진심 어린 비판도 그 순간에는 쓰디쓴 약이다. 섭섭하고 억울하고 힘 빠지는 게 당연하다. 그래서 많은 사람이 비판을 받으면 공격적인 자세로 바뀌면서 상대방에게 반격한다.

"그러는 너는! 너는 뭐 얼마나 잘하는데!"

"네가 이 분야에 대해 뭘 안다고 그래. 내가 알아서 하니까 신경 꺼!"

"다른 사람들은 아무도 그런 말 안 하거든. 네가 뭔데 그래!"

하지만 이 순간, 침을 한 번 꿀꺽 삼키고 치밀어 오르는 화를 참아보자. 억울한 마음이야 가늘 데 없겠지만 잠깐만 이성적으로 생각해보자는 것이다. 비판을 겸허히 받아들이고 난 후 건네는 말은 그 결이 다르다.

"그래? 나는 생각지도 못했던 부분인데 한 번 점검해볼게"

"나름 열심히 한다고 했는데, 그 부분은 미처 신경쓰지 못했네."

"제삼자의 객관적인 시선에서는 그런 것도 보일 수 있구나."

많은 구독자 수를 보유한 유명 유튜버의 고백이다. 유튜버 A는 악성 댓글 때문에 한동안 억울하고 우울한 마음에서 벗어나기 힘들었다.

"말투가 왜 이렇게 느린지, 답답해서 집중하기가 힘들어요."

"편집이 왜 이래요? 요즘 트렌디한 영상 좀 보셔야 할 듯요."

"유튜브를 발로 찍었나? 유튜브 아무나 하는 게 아닙니다."

부정적인 댓글을 보며 A의 마음고생이 컸을 것이다. 그는 억울한 마음에 대댓글로 반박하고 싸우고 싶은 마음도 앞섰다. 하지만 이내 마음을 고쳐먹었다.

다음 영상부터 말투에 신경쓰기 시작했다. 느린 말투를 의식해서 말을 빨리하려고 노력했다. 그리고 다른 영상들을 참고해서 편집 방식 또한 열심히 공부했다. 무엇보다 남의 평가보다 나의 성장에 중점을 두고 노력했다. 그 결과 그는 몇 십만의 구독자를 가진 유명 유튜버가 될 수 있었다.

그를 아프게 했던 댓글에 성장의 힌트가 있었다. 하지만 대부분의 우리는 비판 속 힌트를 외면한다. 아프고 억울한 내 감정이 앞서 멀리 보지 못한다. 만약 A가 댓글 속 메시지를 무시하고 그의 말투를 고집하며 기존의 편집 방식을 유지했다면, 지금처럼 유명 유튜버가 될 수 없었을 것이다.

어느 날 직원이 나와 이런저런 이야기 끝에 마음속 깊은 이야기를 털어놓은 적이 있다. 자신은 남편에게 참 감사하다는 것이었다. '원래 사이가 좋은 부부였기에 그럴 수 있겠지'라고 생각하며, 그녀의 이야기에 귀기울었다.

부정적이고, 소심하고, 감정을 컨트롤하지 못했던 젊은 시절의 자신은 그 누구도 좋아하지 않는 사람이었다고 한다. 그러나 남편을 만나 변화하고 성장하기 시작했고, 한결같이 기다려준 남편 덕에 지금은 많은 것을 수용하고 포용할 수 있는 사람이 되었다고 했다.

그 직원의 용기 있는 고백은 그녀가 갖고 있는 마음 그릇의 크기를 보여줬다. 어린 시절의 모습을 겸허히 수용하고, 그로부터 성장해온 자신을 사랑하고 있는 모습이었다. 참 사랑스러워 보였다.

비판을 공격으로 받아들여 가시를 뾰족 내세우는 사람과 비판을 자기 자신을 위한 성장의 자양분으로 삼는 사람은 그릇의 크기가 달라 보일 수밖에 없다.

비판의 말을 들었을 때 세 가지를 유념하자.

첫째, 비판의 내용에 집중하자. 즉 말투와 같은 외적 요소를 차단해야 한다. 설령 말투가 비꼬는 것 같아서 기분 나쁠지라도 말투를 걷어내고 내용에만 집중해보자. 성장의 힌트가 거기 있을 것이다.

둘째, 비판을 감사의 계기로 생각하자. 성장의 기회를 줘서 감사하다고 생각하면 그만이다. 억울해할 마음도 우울해할 필요도 없다. 감사하다고 생각하면 상대를 향하는 말도 정화되어 나간다. 비판을 감사함으로 받아들이는 당신은 오히려 큰 사람이 되는 것이다.

셋째, 비판의 내용을 내 노력으로 바꿀 수 있는 것인지 생각해보자. 내 노력으로 가능한 부분이라면 실행으로 옮겨보자. 비판이 당신을 성장시킬 것이다.

누구에게도 비판받지 않는 삶은 건강할 수 없다. 비판이 무서워서 나를 칭찬하는 사람들하고만 가까이하려는 사람들은 결코 발전할 수 없다. 나를 비판하는 사람들의 말을 경청하고, 그 속에 성장의 힌트를 발견할 수 있어야 한다.

살란터 랍비의 제자인 심하 지셀 지브 랍비는 비판하는 사람을 의사에 비유했다.

"사람은 병을 치료하는 의사에게 기꺼이 돈을 지불한다. 그렇다면 영혼의 잘못을 교정하도록 돕는 사람에게도 감사해야 하지 않겠는가?"

비판하는 이를 내 영혼을 치료하는 의사라고 여기고, 아픈 비판을 겸허히 받아들여보자. 아픈 비판을 성장의 힌트로 삼아 대화를 이어갈 때, 우리의 대화는 반짝반짝 빛난다.

말실수,
빠르게 사과할수록 좋다

하교하고 돌아온 딸아이가 지나가듯 말했다.

"엄마, 나 오늘 학교에서 친구랑 싸웠어."

그러고는 별말이 없기에 그러려니 하고 지나갔다. 아이들이야 싸우면서 자란다고 생각했기에 크게 신경쓰지 않았다. 다음 날 딸아이가 다시 말했다.

"엄마, 나 어제 친구랑 싸웠다니까."

나는 그제야 빤히 딸의 얼굴을 바라봤다. 딸아이는 곧 울음을 터뜨릴 것 같은 표정이었다. 나는 딸아이를 꼭 안아주었다.

"세은아, 친구랑 싸워서 내내 마음이 안 좋구나? 무슨 일 때문에 싸운 건데?"

딸아이의 말을 들어보니 둘 다 어느 정도 잘못은 있는 상황인데, 딸아이는 그 친구와 어색한 상황이 마음에 계속 걸리는 것 같았다.

"세은아, 엄마는 친구에게 너의 생각과 마음을 끙끙대지 않고 당당히 말할 줄 아는 네가 참 부러워. 그건 아주 좋은 태도야. 그런데 이왕이면 말할 때 조금 더 예쁘게 말하면 좋겠어. 그럼 친구도 처음부터 기분이 상하진 않았을 텐데. 그치?"

잠시 뒤 딸이 밝은 표정으로 말했다.

"엄마! 내가 먼저 사과했어. 먼저 사과하는 것도 용기가 필요한 거지? 내가 잘한 거지?"

"그럼, 내 딸 최고다!"

사람은 누구나 실수하고 살아간다. 그리고 실수를 만회하고 해결하는 과정에서 성숙해진다. 자신의 잘못을 인정하고 사과하는 일에는 많은 용기가 필요하다. 잘못을 인정하는 것 자체가 무척 어려운 일이다. 권위가 떨어질까 봐, 자존심이 상할까 봐 사과가 아닌 침묵을 선택한다.

미국 정신의학자 아론 라자르는 "사람들은 사과를 나약함의 상징으로 보는 경향이 있다. 그러나 사과는 위대한 힘을 필요로 한다."라고 했다. 진정한 사과는 마음이 건강하고 강한 사람만이 할 수 있는 일이다. 그리고 그 사과는 적절한 타이밍이 존재한다. 되도록 사과는 빠를수록 좋다.

얼마 전 발생했던 가수 김호중의 음주 운전 사건을 기억하는가? 음주 운전도 비난받아 마땅하지만, 더 큰 잘못은 음주 뺑소니었다. 그것도 음주 운전 뺑소니 후 소속사 직원에게 허위 자수를 종용하고, 운전자 바꿔치기를 시도했다는 사실에 온 국민은 경악했다.

만약 그가 처음부터 음주 운전을 인정하고 빠르게 사과했다면, 지금보다 결과는 달랐을 것이다. 그는 잘못을 인정할 용기를 내지 못해 또 다른 거짓말로 돌이킬 수 없는 잘못을 저질렀다. 이후 타이밍을 놓친 사과는 그의 어떤 사과와 변명에도 사람들의 마음을 되돌리지 못하고 있다.

앨라배마 대학의 심리학자 돌프 질만은 '사과의 시기와 분노의 관계'에 대한 연구를 실시했다. 연구원들은 이 실험을 다른 연구로 가장하고 참가자들의 신체 반응을 측정했다. 신체 반응 측정은 참가자의 분노 수준을 측정하기 위한 것이었지만, 참가자들은 이를 알지 못한 상태였다.

실험을 진행하는 동안 참가자들은 두 명의 연구원을 만나게 된다. 한 연구원은 무례한 역할을, 다른 연구원은 평범한 연구원 역할을 맡았다. 무례한 역할을 맡은 연구원은 참가자의 기분을 상하게 하는 말과 행동을 하고, 다른 연구원은 무례한 연구자의 말과 행동의 이유를 설명하고 사과했다.

그리고 사과의 시기를 다르게 설정했다. 이 과정을 반복하며 사과의 시기에 따라 참가자들의 분노에 차이가 있는지를 측정했다.

연구의 결과는 흥미로웠다. 참가자들이 연구원의 무례한 행동을 미리 공지받고 상황에 임했을 경우 가장 빨리 안정을 찾았다. 그리고 무례한 행동 후 즉시 사과를 받았을 때는 앞선 상황보다 크게 분노했지만, 사과를 받은 직후에는 그 분노가 빠르게 감소했다. 마지막으로 아무런 사과가 없었을 때는 쉽게 분노를 가라앉히지 못했다.

이 연구 결과로 사과는 빠를수록 상대의 분노를 빨리 가라앉힐 수 있다는 사실을 알 수 있었다.

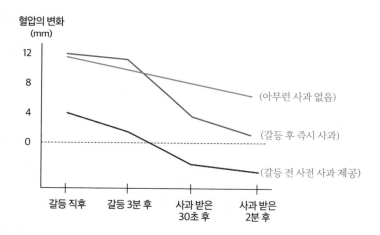

위의 연구를 우리 실생활에 대입해보면 이해가 더욱 쉬울 것이다. 흔한 사례로 콜센터에 전화했을 때를 가정해보자.

첫 번째는 상담사와 연결하기 전에 앞으로 있을 수도 있는 불편에 대해 미리 사과하는 경우, 두 번째는 상담사가 화난 고객에게 즉시 사과했을 경우, 마지막은 화난 고객에게 상담사가 변명하는 경우다.

〈미리 사과하는 경우〉

안내멘트 : 지금 받을 상담사는 제품의 전문가가 아니므로 양해 부탁드립니다.

상담사 : 무엇을 도와드릴까요? 고객님.

고객 : 컴퓨터를 구입한 지 얼마 되지 않았는데, 녹음이 안 됩니다.

상담사 : 구입하신 컴퓨터 제품에 대한 불편이시군요. 제가 담당 부서로 연결해드리겠습니다.

고객 : 네.

〈즉시 사과하는 경우〉

상담사 : 무엇을 도와드릴까요? 고객님.

고객 : 컴퓨터를 구입한 지 얼마 되지 않았는데, 녹음이 안 됩니다.

상담사 : 구입하신 컴퓨터 제품에 대한 불편이시군요. 제가 담당 부서로 연결해드리겠습니다.

고객 : 같은 질문을 또 하라는 이야기인가요?

상담사 : 불편을 드려 정말 죄송합니다. 같은 질문을 여러 번 하시려니 많이 언짢으시죠.

고객 : 아니에요.

상담사 : 정확한 안내를 위해 거치는 과정이니 양해 부탁드려요.

〈사과 없이 변명하는 경우〉

상담사 : 무엇을 도와드릴까요? 고객님.

고객 : 컴퓨터를 구입한 지 얼마 되지 않았는데, 녹음이 안 됩니다.

상담사 : 구입하신 컴퓨터 제품에 대한 불편이시군요. 제가 담당 부서로 연결해드리겠습니다.

고객 : 같은 질문을 또 하라는 이야기인가요?

상담사 : 정확한 안내를 위해 거치는 과정이에요. 저희는 상담사이지 전문가가 아닙니다.

고객 : 그럼 처음부터 전문가를 연결하지, 왜 상담사를 자꾸 연결하냐고!

상담사 : 저희가 어떤 문제인지 먼저 들어보고 난 후에 전문가와 연결해야 하니까요.

고객 : 그럼 처음부터 내가 자세하게 설명을 안 하도록 중간에 말을 끊었어야지!

사람은 살면서 수많은 실수를 한다. 특히 말실수는 비일비재하다. 실수했다면 즉시 사과하는 것이 가장 좋다. 사과는 상대방을 무장 해제시킨다. 당신이 상대방의 분노를 인정할 때, 상대방은 방어적인 태도를 누그러뜨린다. 상대방이 방어적 기제를 버리고 마음을 열어야, 그다음 대화가 가능해진다.

사과와 인정을 통해 기업을 살린 사례도 있다. 2009년 도미노피자는 판매량과 주가가 바닥을 쳤다. 고민 끝에 도미노피자는 자신의 실수를 인정하는 광고를 하기 시작했다.

그들은 광고에서 자신들의 피자를 '평생 먹어본 피자 중 최악'이라고 표현했다. 그리고 "맛이 아예 없다. 무無맛이다."라고 불평하는 고객들의 마음을 그대로 내보냈다. 광고 막바지에 그들은 새로운 조리법을 만들어냈다는 사실을 알렸다. 그리고 고객들에게 한 번만 더 기회를 달라고 호소했다.

다음 해, 도미노피자는 판매량이 14%가량 치솟았고, 주가 역시 130%나 급등했다. 도미노피자는 진솔한 사과와 솔직한 고백으로 고객들의 신뢰를 얻을 수 있었다.

또 다른 사례도 있다. 미국의 비즈니스 잡지 〈포천〉은 〈연봉을 높이고 싶다면 미안하다고 사과하라〉라는 기사를 실었다. 7,590명의 미국인을 대상으로 조사한 결과 실수에 대해 기꺼이 사과하려는 의지를 가진 사람은 그렇지 않은 사람보다 더 많은 돈을 버는 것으로 나타났다.

　연 수입이 10만 달러인 사람들은 연 수입 2만 5천 달러 이하의 사람보다 자신의 실수에 대해 사과할 의향이 두 배 가까이 높았다. **전문가들은 사과를 활용해 갈등을 해결하려는 기술과 긍정적 태도가 돈을 많이 버는 데 영향을 끼쳤을 것이라고 분석한다.**

　사과는 절대 쉬운 일이 아니다. 자기의 실수를 솔직히 인정하는 것은 고통스럽다. 따라서 사과는 긍정적인 태도를 가진 사람이 더 잘할 수 있다.

　핵심은 바로 이것이다. 사과가 쉬운 일이 아님을 알기 때문에, 사과할 때 상대방의 마음도 무장 해제된다. 상대방의 마음을 누그러뜨려야, 그다음 메시지가 제대로 전달될 수 있다.

화나는 순간,
당신의 대화는 안녕한가요?

대화를 나누다 보면 버럭 화나는 순간이 있다. 이때 화를 어떻게 컨트롤하느냐에 따라 대화의 주도권이 달라진다. 고대 히브리 속담에 "증오에 사로잡히면 직선도 삐뚤어 보인다."라는 말이 있다. 우리 이성은 화날 때 제대로 기능하지 못하고 자신만의 생각과 기준에 사로잡혀 버린다.

특히 화나더라도 가장 가까운 친구나 가족이라면, 다음의 세 가지 말은 피해야 한다. 상처가 되는 말, 기를 꺾는 말, 멀어지게 하는 말이다.

발타자르 그라시안의 《성공을 위해 밑줄 긋고 싶은 말들》 중에 몇 번이고 밑줄 그으며 읽은 내용이 있다.

"그다지 가깝지 않은 사람들이 비난할 때는 나쁜 말을 하더라도 쉽게 넘길 수 있다. 내가 정말 못나서가 아니라, 그 사람들이 나를 잘 모르기 때문에 그런 말을 하는 거로 생각할 수 있다. 하지만 친구나 가족으로부터 나쁜 말을 들으면 깊은 상처를 받게 된다. 그러므로 친구나 가족을 단정적으로 판단하지 않도록 주의해야 한다. 굳이 싫은 소리를 해야 할 경우가 생긴다면, 사랑과 존중의 의미를 담아서 건설적으로 하라. 그들에게 상처 줘서는 안 된다."

화날 때 내뱉은 말은 상대방을 흠집 내고, 나의 분노를 표출하는 데 집중된다. 그리고 결국 내가 원하는 대화의 방향과는 멀어지고, 돌이킬 수 없는 상황까지 만든다. 화는 스스로 컨트롤할 수 있는 감정이다. 화를 컨트롤하면 대화의 주도권은 나에게 온다.

아내 : 당신 너무한 거 아니야?

남편 : 또 뭐가!

아내 : 이런 것 정도는 좀 도와줘야 하는 거 아니냐고.

남편 : 말을 해야 알지 내가 어떻게 아냐고. 왜 또 이러는데!

(남편의 전화벨이 울린다)

남편 : (목소리가 바뀌며) 네, 팀장님. 하하하, 내일 처리해놓겠습니다.

우리는 필요에 따라 화를 제어할 수 있다. 위의 사례처럼 부부가 목청을 올리며 싸우다가도 전화가 오면 분노의 소용돌이는 순간, 고요해진다. 설령 통화 이후에 다시 싸움이 시작될지언정, 일단 통화를 하는 동안 남편은 본인의 화를 제어한다. 그리고 실제로 통화가 끝나고 나면 잠깐 미뤘던 '화'는 어느 정도 진정된다.

화를 지연시킬 수 있는 좋은 방법 중 하나는 일단 말을 꿀꺽 삼키는 것이다. 당장이라도 내뱉고 싶은 그 말을 잠시만 마음속에 머금는다. 아주 잠깐 그 한마디를 꿀꺽 삼켰을 뿐인데, 한 템포 늦추고 내뱉는 말은 사뭇 달라진다.

날카로운 그 말을 꿀꺽 삼키고 있는 동안, 상대방의 말에 귀기울이게 된다. 왜 이렇게까지 화났을까? 이 사람이 진정 말하고자 하는 바는 무엇일까? 어떤 대답이 이 사람의 화를 누그러뜨리고, 내가 원하는 대화의 목적을 이룰 수 있을까?

학부모 중에는 자녀의 잘못된 행동에 대해 전달받는 것을 유독 기분 나빠하는 사람들이 더러 있다. 그러다 보니 선생님들은 학부모 상담 시에 말 한마디 한마디가 참 난감하고 어려울 때가 많다.

한 학생이 수업 태도가 좋지 않아 실력에 변화가 없었다. 담당 선생님은 몇 달을 고민하고 참다가 아이를 위해 진심을 담아 꾸지람했다. 그날 저녁 학부모에게 전화가 왔다. 학부모는 선생님의 자격을 논하며 꾸지람이 부당하다고 주장했다. 선생님의 해명은 모두 거짓말과 변명으로밖에 들리지 않는 듯했다. 본인의 자녀는 절대 그럴 리가 없다는 논지였다.

이 순간 담당 선생님은 형언할 수 없는 화를 느낀다. 진심과 노력이 모두 짓밟히는 순간이기 때문이다. 만약 이때 담당 선생님이 분노의 한마디를 꿀꺽 삼키지 못하고 입 밖으로 내뱉어 버린다면, 돌이킬 수 없는 상황이 전개된다.

> 학부모 : 우리 애는 절대 거짓말할 아이가 아니에요!
>
> 선생님 : (화를 참고) 그렇죠, 어머니. 우리 철수는 거짓말할 아이가 아니지요.
>
> 학부모 : 안 그래도 일하느라 바쁘고 정신없어 죽겠는데, 이런 것까지 신경써야 해요?
>
> 선생님 : (일단 듣는다) 네, 그렇죠.
>
> 학부모 : 대체 왜 애를 차별한 거예요?
>
> 선생님 : 어머니가 많이 바쁘신 와중에 이런 일이 생겨서, 어머니 억장이 무너졌겠어요.
>
> 학부모 : 그렇죠!
>
> 선생님 : 일단 이런 일이 생겨 죄송합니다. 하지만 저는 우리 철수를 잘 가르치고 싶은 마음뿐이에요.

만약 담당 선생님이 억울함과 화를 참지 못하고 분노를 표출했다면 어떻게 되었을까? 순간의 억울함을 풀고자 화를 내지만, 그 억울함은 결국 해결되지 못하고 갈등만 더욱 증폭되었을 것이다. 하지만 화나는 순간 뾰족한 말을 꿀꺽 삼켰을 때 결과는 달라진다. 학부모의 말이 들리고 이성적으로 그의 논리를 전개할 수 있다.

그렇다고 항상 화를 억누를 수는 없다. 때에 따라서는 정당한 이유로 화를 표출해야 하는 순간도 있다. 이럴 때도 일단 마음이 진정될 때까지 기다리는 것이 좋다. 화난 상태에서의 판단은 이성적이지 못하다. 이때 분노의 말을 꿀꺽 삼킴으로써 나의 감정에 시간을 줘야 한다. 나의 분노가 정당한 것인지, 어느 정도의 분노가 적당한 것인지를 스스로 판단하기 위함이다.

스스로 자문해보자. 지금의 상황이 화를 낼 만큼 심각한가? 지금의 화는 제삼자가 느끼기에도 정당한 것인가? 지금 당장 화를 내서 얻을 수 있는 이득은 무엇인가? 다른 방식으로 화를 표현할 방법은 없는가?

고객으로부터 직원에 대한 컴플레인 전화를 받은 날, A는 일단 다른 일을 하며 생각을 정리했다. 감정의 여유를 확보하기 위해서다. 그리고 시간이 조금 지난 후 마음이 잔잔해졌다고 느꼈을 때 직원을 불렀다.

A : ○○씨, 한 시간 전에 고객으로부터 컴플레인 전화가 왔어요.

B : 네, 죄송합니다.

A : 일단 ○○씨 입장에서 그 사건을 다시 이야기해줄래요?

B : 네, 팀장님. 그 행동을 제가 한 건 맞아요. 그런데 전후 관계가 있었어
요. 사실은…….

A : 그렇군요. 사정이 있었을 거라 생각했어요. 하지만 일단 00씨의 사
과가 필요해 보입니다.

B : 죄송합니다. 팀장님, 제가 잘 해결하겠습니다.

A는 직원들의 행동이 이해되지 않고 마음에 들지 않더라도 바로 지
적하지 않는다. 일단 시간을 두고 본인의 감정을 돌아본다. 그리고
따로 불러내 자초지종을 묻는다. 시간을 두는 이유는 직원의 입장에
서 한 번 더 생각하기 위해서다. 직원이 왜 고객에게 화를 내야만 했
는지, 직원에게 억울한 부분은 없었는지를 생각하기 위해서다. 이렇
게 시간을 벌고 나면 본인의 감정을 제거하고 직원에게 공감할 마음
의 여유와 혜안이 생긴다.

심리 상담 연구소 '마인'은 화난 상대방에게 대처하는 좋은 자세에
대해 제시하고 있다.

**첫째, 상대가 쏟아내는 험악한 말들은 나와 직접적으로 관련된 것
이 아니라는 사실을 인식하라. 그리고 그 내용을 나와 분리해서 생각**

하라.

둘째, 상대방이 분노할 때 쏟아내는 그 반응들은 버려야 할 쓰레기로 보자. 그리고 그것을 쓰레기통에 버리는 상상을 하라.

셋째, 상대방의 반응을 쓰레기통에 버리고 나면, 상대방의 분노로부터 영향받지 않는 상태가 된다. 이때 차분하게 자기표현을 하라.

로마의 시인 호레이스는 "분노란 짧은 광기다."라고 했다. 분노는 순간적으로 사람의 이성을 흐트러뜨린다. 그리고 순간의 감정에만 매몰되어 스스로를 광기로 몰아간다. 잠시의 화를 못 이기고 뱉어낸 말들은 결국 칼자루를 상대방에게 쥐어 주는 결과를 초래한다.

현명한 대화를 위해서는 화를 컨트롤할 줄 알아야 한다. 분노의 순간, 그 한마디를 꿀꺽 삼켜보자. 그러면 우위를 점하는 현명한 대화를 이끌 수 있을 것이다.

무례한 말하기, 5종 세트

〈오은영 리포트-결혼 지옥〉이라는 TV 프로그램에서는 위기에 놓인 부부들의 사연이 방송된다. 방송을 시청하다 보면 부부들이 서로에게 '참, 상처 주는 말을 많이 하는구나'라는 생각이 든다. 서로를 잘 안다고 간과해서, 혹은 너무 가깝다고 착각해서 다른 사람에게는 함부로 쓰지 않는 말과 행동들을 스스럼없이 한다. 그것이 결국 부부를 파국에 이르게 한다.

오은영 박사는 그때마다 하는 말이 있다.

"그 당시 남편에게 느꼈던 마음이 뭐였어요? 그 마음 그대로를 그냥 말씀하세요. 돌려 말하지 마세요."

느꼈던 마음은 하나인데, 말이 나가는 방향과 모양에 따라 관계가 달라진다. 그리고 되돌아오는 말 모양새에 따라 그다음 말이 또 달라진다.

누군가와의 대화는 밝고 즐겁고 마음이 후련해지는 반면, 어떤 이와의 대화는 불쾌하고 가슴이 답답하다. 불쾌하고 답답한 대화를 지속하고 싶은 사람은 없다. 문제는 이런 사람들은 자신이 다른 사람을 힘들게 하고 있다는 사실조차 모른다는 것이다. 모르기에 개선의 여지가 없다.

무례한 대화로 상대방을 불쾌하게 하는 유형을 살펴보자. 만약 자신이 이런 유형에 속한다면, 앞에서 설명한 '성장 마인드셋'을 반드시 가동시키길 바란다. 지금까지의 잘못된 대화 방식을 성장할 수 있는 기회로 삼아보자. **잘못된 것을 알았을 때 그것에 반응하는 당신의 태도만큼은 스스로 조종할 수 있다. 그것이 당신을 컨트롤 할 수 있는 유일한 방법이다.**

말 자르기

말 자르기는 대화 도중 상대방의 말을 툭 자르고 들어가는 경우를 말한다. 자기 생각과 주장이 강한 사람들이다. 타인의 이야기를 끝까지 듣지도 않고 타인의 생각을 유추해서 단정 지어 버린다. 말 자르기를 당한 사람은 무시당한 느낌을 받는다.

A : 나 오늘 너무 속상했어.

B : 왜?

A : 어젯밤 꿈이 뒤숭숭하더니, 오늘 하루 종일 일이 막 꼬이더라고. 어
　　젯밤 꿈에 있잖아…….

B : 그래서, 하고 싶은 말이 뭔데. 핵심만 말해.

A : 어? 아…….

A : 나 어젯밤에 혼자 산책하다가 넘어졌는데, 너무 심하게 다쳤어.

B : 응. 바쁘다. 나중에 이야기하자.

A : 어? 어…….

말 돌리기

말 돌리기는 "하여튼 알겠고, 그건 어떻게 됐어?"와 같이 문장을 전환하는 대화법을 말한다. 말 돌리기는 의도적이다. 대답하기 난처하거나 또는 그런 상황이 예상될 때 엉뚱한 얘기를 꺼내 대화 주제를 바

꾸는 화술이다. 자기가 잘못하거나 틀린 부분은 어물쩍 넘어가고, 괜히 다른 걸로 화제를 돌린다.

주로 불리하거나 불편할 때 사용되는 대화법으로, 매우 자기중심적이고 비겁한 대화법이다. '말 돌리기'를 하는 사람과 대화하면 무시 당하는 느낌을 지울 수 없다.

A : 당신 어제 어디서 그렇게 술을 마신 거야?

B : 사무실 사람들이랑 마셨어.

A : 새벽까지 그렇게 술 마시면 다음 날 일은 돼?

B : 아, 내가 알아서 할게. 근데 어제 그 일은 어떻게 됐는데?

A : 내 말 아직 안 끝났거든.

B : 알겠다고, 어제 그 일부터 이야기해봐.

A : 너는 약속 시간에 항상 10분씩 지각하더라.

B : 내가 그랬나?

A : 약속 시간 전에 도착하게 미리 좀 출발해.

B : 야, 그건 그렇고 내가 오는 길에 누굴 만났는지 알아?

A : 야! 내 이야기 안 끝났거든.

B : 알겠다고. 일단 내 이야기 좀 들어봐.

말 바꾸기

말 바꾸기는 "내가 언제? 난 그런 적 없는데? 네가 잘못 알아들은 거야."와 같이 자신이 유리한 방향으로 금세 말을 바꾸는 비겁한 화술을 말한다. 어린아이들의 말싸움처럼 들리는 이런 대화가 어른들의 대화에서도 흔하다.

부정하고 싶겠지만 당신도 이런 종류의 대화를 종종하고 있다. 나는 기억에 없다 하더라도 상대가 그렇다면 거짓말은 아닐 것이다. 그럴 땐 기억을 더듬어보려는 시늉이라도 하자. 그러면 상대가 느끼는 불쾌함이 조금은 낮아질 것이다.

A : 네가 아까 나보고 그렇게 말했잖아.

B : 내가 언제?

A : 아까 그랬잖아. 그래서 내가 민지한테도 그렇게 말했단 말이야. 책임져.

B : 몇 시, 몇 분, 몇 초! 네가 잘못 들었겠지.

A : 야! 너랑 이제 말 안 해.

유치한가? 그렇다면 위 대화를 어른 버전으로 바꿔 말해보자.

A : 지난번에 말했듯이, 나 이번 주에 워크숍 있어. 주말에 애들 좀 봐줘.

B : 무슨 말인데? 갑자기 이런 말 하면 어떻게 하라고.

A : 갑자기가 아니라 지난주에 내가 말했잖아. 내가 당신 일정 물어보고, 그때 당신이 아무 일 없다고 알겠다고 했잖아.

B : 내가 언제? 난 그런 적 없는데? 당신이 잘못 알아들었겠지.

말문 막기

말문 막기란 상대와 말을 주고받는 게 아니라, 일방적으로 단절시키는 대화법을 말한다. "그만해 됐어! 그 얘기 한 번만 더 들으면 100번이다."와 같은 식이다. 의사소통이란 서로 간의 말의 흐름을 의미하는데, 이런 종류의 대화는 중간에 벽을 세워서 말의 흐름을 막아 버린다. 대화에서 한 쪽의 말문 막기는 자연스럽게 싸움으로 흘러가 버린다.

말문 막기를 자주하는 대화는 관계의 발전이 있을 수 없다. 말문을 막는다는 건 본인이 듣고 싶은 말만 듣겠다는 심보다. 이런 대화는 소통하는 대화가 아니라, 일방적인 통보와 수용의 대화밖에는 될 수 없다.

A : 나는 당신이 아이들한테 제발 윽박지르지 않고 부드럽게 말해주면 좋겠어.

B : 태어나길 이렇게 태어난 걸 어쩌란 말인데.

A : 애들도 아빠랑 얘기하기 무서워하잖아. 좀 부드럽게 말해주면 안 돼?

B : 됐다! 그만해라!

A : 아니, 그만할 문제가 아니라…….

B : 그만하라고 했잖아! 듣기 싫다니까!

말꼬리 잡기

사람이 말하다 보면 모든 단어를 엄선해서 쓸 수 없다. 말하다 보면 실수할 수 있고 적절치 않은 단어를 사용할 수도 있다. 그런데 상대의 말을 듣다가 귀에 거슬리는 단어 하나를 가지고, 계속 늘어지는 사람들이 있다. 그렇게 되면 그 대화는 산으로 간다. 원래 전달하고자 했던 의도는 방향을 잃어버리고, 단어에만 꽂힌 이상한 대화를 나누게 된다.

말꼬리 잡기는 이야기의 본질을 흐리게 한다. 그 말꼬리의 오해를 바로잡기 위해 이야기의 흐름이 다른 방향으로 새 버리고, 결국은 원래 하고자 했던 말의 방향과 본질과는 전혀 다른 쪽으로 에너지를 쏟게 된다.

〈나는 솔로〉라는 프로그램에서 인상 깊었던 한 커플의 대화를 소개하고 싶다.

남성 : 술은 어떤 주종을 좋아하세요? 와인? 소주? 맥주?

여성 : 뭐 그냥 다요.

남성 : 저는 어느 순간 술을 조절해야겠다는 생각이 들더라고요. 제가 감히 ○○씨처럼 파란만장한 삶은 아니었지만 그래도…….

여성 : 뭐라고요? 파란만장요?

남성 : 아니 그 말을 하려는 게 아니구요.

여성 : 다들 나를 그렇게 보는 거예요? 파란만장이라니요.

남성 : 아니, 그런 의미가 아니라요.

여성 : 진짜 구질구질하고 비참하네요.

A : 선생님, 지금 우리 애가 집에서 학원 홈페이지에 숙제를 올리는데 업로드가 안 된다고 난리예요.

B : 제가 컴퓨터 상태를 한 번 봐 드릴게요. 컴퓨터 상태가 문제였던 분들이 계시거든요.

A : 그럼 우리 집 컴퓨터가 문제란 이야기예요 지금?

B : 아니요, 어머니. 컴퓨터가 문제가 있다는 이야기가 아니라, 몇몇 경

　　우에 그런 경우가 있어서 확인을 한 번 해드리겠다는 거예요.

A : 그게 그 말이잖아요. 지금!

**무례한 말하기 5종 세트는 '말 자르기, 말 돌리기, 말 바꾸기, 말문
막기, 말꼬리 잡기'다.**

　이중 나도 모르게 사용하고 있던 대화법은 없는가? 사례를 살펴보
면 생각보다 우리 주변에서 흔히 볼 수 있는 대화라는 생각이 들 것이
다. 나도 모르게 상대에게 불쾌감을 주는 대화를 하고 있지는 않았는
지 스스로를 돌아보자.

같은 말도 다르게 들리는
마법 같은 나의 귀

내 남편은 전형적인 경상도 남자다. 말투가 참 무뚝뚝하고, 직설적이고, 다정다감과는 거리가 멀다. 분명히 연애할 땐 그렇지 않았는데, 참 이상하다. 내가 바뀐 건지 남편이 바뀐 건지. 그런데 정말 이상한 점은 다른 곳에 있다. 내 남편의 무뚝뚝하고 직설적인 말투는 늘 같은데, 유독 내가 기분이 나쁜 날이 있다는 것이다. 바로 부부싸움의 신호탄이다.

(네비게이션 : 경로를 이탈하였습니다)

나 : 어? 또 길을 잘못 들었네?

남편 : 뭐 하노, 니 지금!

나 : 내가 당신 그 말 할 줄 알았다. 괜찮아, 쉬엄쉬엄 가자.

나 : 어? 또 길을 잘못 들었네?

남편 : 뭐 하노, 니 지금!

나 : 아, 깜짝이야! 내가 그 말 하지 말랬지! 그 말 듣기 싫다고 몇 번을 말해!

남편 : 왜 또 시비 거는데!

(한가로운 주말, 함께 앉아서 TV를 보던 중)

나 : 자기야, 저거 왜 저래?

남편 : 몰라! 내가 어떻게 아노?

나 : 자기야, 나를 세상에서 처음 보는 여자라고 생각하고 말 좀 예쁘게 해줄래?

남편 : 몰라요, 내가 어떻게 알아요. 이렇게?

나 : 자기야, 저거 왜 저래?

남편 : 몰라! 내가 어떻게 아노?

나 : 말 좀 예쁘게 해라.

남편 : 왜 또 시비 거는데!

같은 상황, 같은 말인데 왜 나의 반응이 달라지는지 나름의 연구를 해
봤다. 결론은 마음의 여유에 있었다. 마음의 여유가 있는 날은 남편의 뾰

족한 말들도 스펀지처럼 흡수하고 유머로 승화시킬 수 있다. 그러면 남편도 함께 웃는다. 그러나 마음의 여유가 없는 날은 남편의 말이 가슴에 콕콕 박힌다. 그러면 여지없이 부부싸움이 시작된다.

이런 일은 남편과의 관계에서만 있는 것은 아니다. 학원의 학부모와의 대화 후 유독 스트레스를 심하게 느끼는 날이 있는가 하면, 아무렇지 않게 지나가는 날이 있다. 결국은 내 마음의 스펀지가 충분한지 아닌지에 의해, 내 반응이 결정되는 것이다.

상대방을 바꿀 수 없다면 나를 컨트롤할 수 있어야 한다. 그래서 학부모와의 대화 도중 스스로 힘들다고 느껴질 때면 내 중심을 깊게 바라본다. 내가 지금 예민한 상태인지, 피곤하지는 않은지 돌아보고 스트레스의 원인을 나에게 두려고 노력한다. 그러면 힘든 상황이 부드럽게 지나간다.

같은 말도 다르게 들리는 마법 같은 나의 귀는 결국 마음의 여유에서 비롯된다. 상대의 반응에 상처가 될 것 같은 날은 마음의 중심을 들여다보자. 내 마음의 스펀지가 충분한 날인지 아닌지. 만약 마음의 스펀지가 충분하지 않다면 잠시 하던 일과 생각을 멈추고 크게 호흡해보자. 심호흡 몇 번으로 머릿속이 조금은 정리될 것이다.

그런데 마음의 컨트롤이 내 마음대로 작동하지 않는 상대가 있다. 바로 남편이다. 미안 남편.

Chapter 3

예쁜 말은
마음껏 탐내도 괜찮습니다

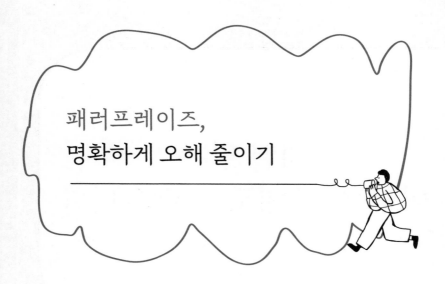

패러프레이즈,
명확하게 오해 줄이기

대화의 기술 중 패러프레이즈 기법은 매우 고급 기술이다. 패러프레이즈의 사전적 정의는 '다른 말로 표현하기'다. 그러나 상담학에서는 이보다 더 깊이 들어간다. 상대의 말을 잘 듣고 있다가 "그러니까 지금 하신 말씀이 ㅇㅇ라는 거죠?" 하고 되묻는 것이다.

즉 상대방이 하는 말이나 문장을 다른 말로 재정의하여 돌려주는 기술이다. 이 기법은 자칫 장황해질 수 있는 상대의 말을 정리해주는 효과가 있을 뿐 아니라, 화자 스스로 자신의 말과 감정에 대해 한 번 더 살펴볼 수 있게 해준다.

고객 : 대체 같은 설명을 몇 번이나 해야 하나요? 처음부터 이쪽 상담사로 연결해주든지, 설명하고 또 하고 몇 사람이나 거치게 하는 거예요? 짜증나서 정말. 처음부터 제품을 잘 만들어놓든지 할 것이지, 왜 이렇게 사람을 번거롭게 해요. 그리고! 복잡하게 왜 자꾸 번호를 누르라고 하냐고요. 무슨 말인지 이해를 할 수 있어야 말이지. 잘못 누르면 다시 처음으로 돌아가야 하고!

상담사 : 고객님, 제품의 AS 문제로 상담사와 연결을 원하셨는데, 그 과정에서 불편을 드려 죄송합니다. 고객님 말씀은 제품별로 담당자가 다르다 보니 연결 과정에서 같은 설명을 계속해야 해서 많이 불편했다는 말씀이신 거죠?

고객 : 네, 대체 뭐가 이렇게 복잡해요!

상담사 : 고객님, 상담 내용이 아마 전산에 남아 있을 겁니다. 제가 얼른 확인해보고 제품의 이상 증세에 대해 말씀 이어 갈게요.

고객 : 네, 그렇게 해주세요.

상담사는 짜증과 화가 잔뜩 난 고객에게 패러프레이즈 기법을 활용하여 화난 마음을 잠재웠다. 화난 마음 때문에 말이 자꾸 장황해지는 고객에게 현재 마음 상태를 재정의하여 되짚어 주고, 본래의 상담 목적을 상기시켰다. 그랬을 때 고객은 화난 마음을 추스르고 본인의 통화 목적에 집중할 수 있게 된다.

처음부터 패러프레이즈를 잘 활용하기란 어려운 일이다. 그렇다면 어렵게 생각하지 말고 '따라 하기'부터 시작해보자. 대화를 원활하게 이어 나가기 위해서는 서로 반응하고 호응해야 한다. 이때 가장 많이 활용되는 방법이 따라 말하기다. 상대방의 말끝을 따라 하기만 해도 상대방은 공감받는 느낌을 가지게 된다.

A : 나 오늘 진짜 어이가 없었잖아.

B : 어이없는 일이 있었어?

A : 응, 내가 오늘 회의 시간에 커피를 손에 들고 있었거든. 근데 그게 실수로 쏟아진 거야.

B : 커피가?

A : 응, 그런데 과장님이 내가 회의 시간에 졸았다고 난리잖아.

B : 진짜 어이가 없었겠다.

이렇게 단순히 말끝을 따라 하기만 해도 상대방은 더욱 신나서 말한다. 그런데 이보다 한 단계 더 발전된 대화 기법이 바로, 패러프레이즈다. 이 기법은 상대방이 전달한 내용을 확인하고, 상대방의 의도를 파악하여 대화의 질을 높이는 데 활용된다.

위 대화를 패러프레이즈 기법을 활용하여 바꿔보면 다음과 같다.

A : 나 오늘 진짜 어이가 없었잖아.

B : 무슨 일이 있었어?

A : 응, 내가 오늘 회의 시간에 커피를 손에 들고 있었거든. 근데 그게 실수로 쏟아진 거야.

B : 커피가?

A : 응, 그런데 과장님이 내가 회의 시간에 졸았다고 난리잖아.

B : 긴장되는 회의 시간에 커피를 쏟아서 가뜩이나 부끄러웠을 텐데, 과장님이 졸았다고 오해해서 더 속상했겠다.

위 대화에서 볼 수 있듯, 패러프레이즈 기법을 활용하면 상대방의 의도를 명확하게 정리해주면서 공감의 의지를 적극적으로 보여주게 된다.

다음의 사례를 통해 패러프레이즈를 조금 더 잘 이해할 수 있을 것이다.

한 프렌차이즈의 가맹점을 운영하는 A는 본사의 프로그램이 개편되면서 혼란의 도가니 속에서 몇 달을 보냈다. 대체 무엇이 오류고 무엇이 문제인지 명확하게 본사에서 답변을 주면 좋으련만, 속절없이 기다려야 하는 입장에서 점점 예민해지고 있었다. 그러던 어느 날 A는 기어코 본사에 전화를 걸어 화를 분출하고야 말았다.

A : 부장님, 정말 너무 힘들어요! 울고 싶을 지경이에요!

부장 : 우선 죄송해요. 문제가 뭔지 말씀해주시겠어요?

A : 프로그램이 개편되면서 저는 랜 공사도 다 끝냈고요. 전문가도 여러 번 불러서 점검을 마쳤습니다. 그런데 본사 프로그램은 제대로 돌아가질 않아요. 한참 일할 시간에 이러면 정말 아비규환이에요.

부장 : 네 사장님, 그러니까 사장님 말씀은 오늘 프로그램이 제대로 구동이 안 되고 있는 상황이라는 말씀이시죠. 그리고 이것이 컴퓨터 환경의 문제인지, 본사의 서버 문제인지를 제대로 밝혀 달라는 말씀이시죠?

A : 아, 네. 맞아요.

본인이 요구하는 바가 정확히 뭔지도 모른 채 화를 표현하던 A는, 부장의 패러프레이즈 기술에 완전히 말려들고 말았다. A가 화났던 이유가 명확히 정리되었고, 화날 필요가 없던 문제임이 순간 자각되었다.

우리는 패러프레이즈를 통해 상대방의 의도를 명확히 정리할 뿐만 아니라, 대화의 주도권을 가질 수 있다. 즉 패러프레이즈는 대화의 방향을 내가 원하는 대로 끌고 갈 수 있는 강력한 고급 기술이다. 패러프레이즈가 좋은 것 같긴 하나, 대화의 고급 기술이라고 하니 왠지 어려워 보이는가?

그렇지 않다. 패러프레이즈를 활용하면 대화에서 발생할 수 있는 오해를 줄이고 의미를 보다 명확히 할 수 있다.

> A : 우체국이 어디에 있나요?
>
> B : 오른쪽으로 200m 정도 가시면 됩니다.
>
> A : 저기 보이는 은행 건물 방향으로 한 블록 더 가면 된다는 말씀인가요?
>
> B : 네, 맞아요.

A는 다시 질문해서 본인이 이해하기 쉬운 더 정확한 답을 얻어냈다. 이로써 A는 헛걸음하거나 도중에 누군가에게 다시 물어볼 염려가 사라졌다. '오른쪽으로'를 '은행 건물 방향으로', '200m'를 '한 블록'으로 패러프레이즈를 한 덕이다.

애매한 단어를 명확히 재정립하는 패러프레이즈는 특히 업무 상황에서 매우 중요하다. 이렇게 해야 업무 처리에 있어 오해가 생기지 않고 뒤탈도 없어진다. 패러프레이즈를 사용했을 뿐인데 일 잘하고 꼼꼼한 직원으로 평가받을 수 있을 것이다.

패러프레이즈는 두 가지 형태가 있다. 첫 번째는 상대방의 속뜻을 파악하는 '공감의 패러프레이즈', 두 번째는 애매한 단어를 명확하게 정리하는 '단어 재정의의 패러프레이즈'다.

앞서 회의 시간에 커피를 쏟았던 직원의 사례와 가맹점 A의 사례가 '공감의 패러프레이즈'에 해당한다. 그리고 우체국의 위치를 물었던 사례가 '단어 재정의의 패러프레이즈'에 해당한다. 이 두 가지 형태의 패러프레이즈는 상대의 이야기에 진심으로 경청하고 있을 때 가능하다. 상대의 숨은 속뜻을 제대로 파악해야 공감도, 단어의 재정의도 가능하기 때문이다.

그러나 패러프레이즈 기법을 사용할 땐 주의해야 할 점이 있다. 절대 상대방의 말에 대한 판단이 들어가면 안 된다. 판단이 들어가면 다음과 같은 실수를 범하게 된다.

> 아이 : 엄마, 나 오늘 학교에서 배가 너무 아팠어. 배가 너무 아파서 걷기도 힘들었어.
>
> 엄마 : 그래서 뭐, 오늘도 학원을 빠지겠다고?
>
> 아이 : 엄마! 내가 언제 학원을 빠진다고 그랬어? 그냥 배가 아팠다고 이야기하는 거잖아.
>
> 엄마 : 그게 그 말이지. 어림없으니 빨리 학원 가!

위 대화에서 엄마는 아이의 말을 자신의 기준으로 지레짐작 판단한 것이다. 그러면 제대로 된 패러프레이즈를 할 수 없다. 이는 패러프레이즈 기법을 활용할 때 반드시 기억해야 할 부분이다. 상대의 속뜻을 확대 해석해서 나의 기준에서 말하는 오류를 범하지 않기를 바란다.

> 사원 : 박대리님은 마음이 여리셔서 저희가 말할 때 한 번 더 생각해서 말해요.
>
> 박대리 : 지금 나보고 예민하다고 말하고 싶은 거예요?
>
> 사원 : 아니, 그게 아니라. 그만큼 제가 조심하고 있다는 뜻이에요.
>
> 박대리 : 그 말이 그거잖아요. 그러니 지금 나 때문에 힘들다는 거죠?
>
> 사원 : 아니, 대리님. 절대 그게 아니에요.

위의 대화 사례는 우리의 일상에서 생각보다 많다. 숨은 속뜻을 상대의 입장에서 생각하지 않고, 나의 입장에서 판단하기에 벌어지는 일들이다. 명심하자. 패러프레이즈의 기준은 내가 아니라 상대방이라는 것을 말이다. 상대방의 기준에서 상대방의 시선으로 대화의 흐름을 이어 가야 한다.

패러프레이즈는 상대에게 진심으로 공감하고자 하는 관심과 애정이 있어야만 가능하다. 그래서 패러프레이즈가 대화의 고급 기술인 것이다.

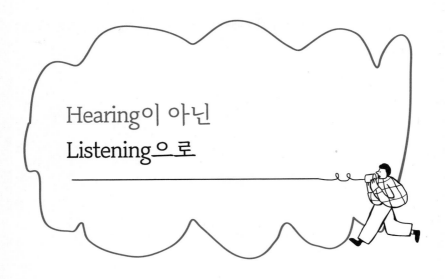

Hearing이 아닌
Listening으로

어린 시절 엄마의 살내음은 나에게는 긴장된 하루를 녹여 주는 마법의 약이었다. 그래서 퇴근한 엄마 옆에 누워 조잘조잘 말하는 게 참좋았다. 새벽에 출근해서 늦은 밤에 퇴근하는 엄마는 항상 피곤이 어깨를 짓눌렀다. 그럼에도 항상 따뜻한 눈으로 나를 바라보는 엄마의 눈빛과 표정이 정말 좋았다.

세월이 흐른 지금도 엄마와의 대화가 가장 편하고 즐겁다. 그것은 엄마의 귀와 마음이 나에게로 온전히 향해 있기 때문일 것이다. 그리고 이제는 내가 아이들에게 그 역할을 하고 있다. 퇴근하고 지쳐 들어온 나에게 아이들은 서로 재잘대기 바쁘다. 그리고 나는 온 마음을 다해 들어주려고 애쓴다. 엄마가 나에게 그랬던 것처럼.

온 마음을 다해 들어주기란 여간 힘든 일이 아니다. 일단 하던 일을 멈추고, 생각도 잠시 뒤로 미뤄야 한다. 핸드폰을 손에서 떼고 재잘대는 예쁜 입과 눈에 집중해야 한다. 듣기는 수동태가 아니라 적극적인 능동태며, 상대방이 성장할 수 있도록 기회를 주는 가치 있는 행위다.

영어의 Hearing은 외부의 소리가 내 의지와 상관없이 귀에 들리는 것을 의미한다. 반면 Listening은 내가 적극적으로 듣기를 작정하고 귀기울여 듣는 행위다. 그래서 듣기란 Hearing이 아닌 Listening여야 한다.

얼마 전 한 지인으로부터 전화를 받은 적이 있다.

A : 원장님, 제가 두 명의 강사 면접을 봤는데요. 원장님께 조언을 얻고 싶어요.

B : 그래요, 어땠는데요?

A : 한 강사는 경력이 화려하고 스타일도 딱 제가 원하던 모습이에요. 그런데 한 가지 아쉬운 건 수업 시간에 제한을 두려고 한다는 점이에요.

B : 네. 그 한 부분만 맞았으면 좋았을 텐데요.

A : 다른 한 강사는 미국에서 학창 시절을 보내서 말하기 수업 강사로 좋을 것 같아요. 그런데 외국 생활을 오래해서 문법에 대한 전달력

이 낮을까 봐 걱정돼요.

B : 내 마음에 100%로 맞는 사람이 있다면 참 좋을 텐데. 그게 어려워요. 그죠?

A : 원장님, 말씀드리다 보니 아무래도 두 번째 강사가 저한테 맞는 것 같아요. 고민 들어주셔서 감사해요. 빨리 함께 일하자고 연락해야겠어요.

위의 대화에서 나는 실질적인 조언을 해준 것이 하나도 없다. 잠시 하던 일을 멈추고 귀기울여 들어줬을 뿐, 정답은 본인 안에 있었다. 듣기란 상대방에게 내 마음의 여백을 주는 행위다. 내가 가지고 있는 하얀 종이에 상대방이 마음껏 그림을 그리도록 두는 과정이다. 그런데 이때 "아, 밑그림을 그릴 때는 그 색깔보다 이 색깔이 더 좋아." "바탕에는 노란색도 좋지만 그래도 하얀색이 낫지 않아?"라고 끼어드는 순간, 오히려 방해가 된다.

1985년부터 2010년까지 25년간 미국 CNN 라이브 토크쇼 〈래리 킹 라이브〉를 진행했던 사람이 있다. 대화의 신으로 불린 래리 킹이다. 그는 "대화에서 첫 번째 지켜야 할 규칙은 듣기다."라고 했다. '대화의 신'이기에 대화법을 알려줄 것으로 생각했지만, 정작 래리 킹이 강조한 것은 '듣기'였다.

흘려듣는 것이 아닌, 온전히 들어주기란 힘든 작업이다. 온전히 들기 위해서는 먼저 마음을 열고, 어떤 판단도 하지 않고, 내 마음의 공간을 적극적으로 내줘야 한다.

몇 년 전 건강을 자신하시던 엄마가 갑작스런 고혈압 증세로 병원을 찾게 되었다. 엄마는 의사 선생님에게 자세한 설명을 듣고 싶어했다. 하지만 선생님은 설명 대신 혈관 나이가 97세라는 말로 엄마를 충격에 빠뜨렸다. 엄마는 내원할 때마다 선생님의 차가운 태도에 결국은 우울증까지 앓게 되셨다. 엄마는 본인의 병에 대해 물어볼 곳이 없어지자, 고혈압 증세를 더 무서워하기 시작했다.

이대로는 안 되겠다 싶어 엄마를 다른 병원에서 진료받게 했다. 옮긴 병원에서 의사 선생님은 엄마가 느끼는 증상을 하나하나 차분히 들어줬고, 약을 줄이고, 마음의 병을 어루만졌다. 그 이후 엄마는 고혈압을 인생의 동반자로 여기면서 건강하게 지내신다.

병원에서 위와 같은 경험을 해본 적이 있지 않은가? 어디가 아픈지 세세하게 설명하고 싶은데, 의사가 말을 자르거나 대충 듣는 경우 말이다. 퉁명스러운 의사의 표정을 보면서 말문이 떨어지지 않는다. 물론 반대로 편안한 미소와 함께 친절한 설명으로 불안감을 해소해주는 의사 선생님도 있다.

의사 중에도 환자가 선호하는 의사가 있는가 하면 그렇지 않은 의사도 있다. 그들은 전문 지식이나 의학 기술에는 큰 차이가 없다. 하지만 환자를 대하는 태도가 다르다.

어느 모임에서 한 명사가 유학 시절에 교수에게 들었다며, 100점 짜리 인생을 만드는 법을 소개해 화제가 된 적이 있다.

일단 알파벳 순서대로 숫자를 붙인다. A에 1을 붙이고 B에 2, C에 3, D에 4······ 이런 식으로 가면 Z는 26이 된다. 그런 다음 알파벳 단어를 숫자로 환산해서 점수를 내는 것이다. 열심히 일하면 100점짜리 인생이 될까?

Hardwork8+1+18+4+23+15+18+11는 98점이다. 지식이 많으면? Knowledge는 72점이다. 리더십은? Leadership은 89점이다. 그렇다면 사랑은 어떨까? Love는 54점이다.

하지만 유일하게 100점이 되는 단어 조합이 있다. 그것은 바로 'Attitude', 즉 태도다. 인생에 대해 어떤 태도를 갖느냐에 따라 인생은 100점짜리가 될 수 있다는 것이다. 그래서 윈스턴 처칠은 "태도는 큰 차이를 일으키는 작은 것이다."라고 말하지 않았던가.

호감 가는 대화는 듣기와 말하기의 비율이 7대 3이다. 상대가 충분히 이야기하도록 기회를 주는 것이다. 하버드 대학 뇌 과학자들은 쾌락 중추에 관한 실험을 통해 '사람은 자신에 대해 말하는 순간 마약, 섹스, 도박과 같은 강력한 자극에 반응하는 뇌 부위가 활성화된다'는 사실을 밝혀냈다. 귀로만 소리를 듣지 말고 마음으로, 온전히 상대에게 집중해야 하는 이유다.

"당신, 지금 내 말 듣고 있어?"

누운 채로 핸드폰만 바라보는 남편에게 내가 가장 많이 하는 질문이다. 대화가 시작되면 핸드폰을 내려놓을 법도 한데, 남편은 다 듣고 있으니 그냥 말하라며 멀티플레이를 한다. 당연히 대화는 오래 지속되지 않는다. 일방적으로 필요한 대화를 건네다가 머쓱해져서 방을 나온다. 내 말이 남편에게 들리기야 하겠지만, 그 말이 남편의 마음에 닿고 있지 않음을 안다.

시선이 가는 곳에 마음이 가고, 마음이 가는 곳에 귀가 열리는 법이다. 그러니 누군가와 대화할 때는 하던 일을 멈추고, 상대의 눈을 맞추도록 해보자. 내 시선이 머무는 그곳에 상대의 마음이 보인다.

오하이오 주립 대학의 마이클 라크로스 교수는 다음과 같은 자세들이 경청에 필요하다고 강조한다.

① 상대방의 눈을 제대로 바라본다.

② 배꼽을 상대방 쪽으로 해서 정면에 앉는다.

③ 되도록 앞으로 기운 자세를 취해서 상대방에게 다가간다.

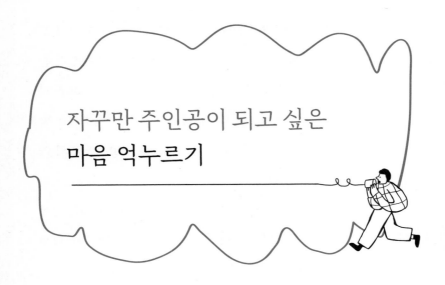

자꾸만 주인공이 되고 싶은
마음 억누르기

자기 자신을 너무 사랑한 나머지 물속에 빠져 죽은 나르키소스를 아는가? 나르키소스는 그리스 로마 신화에 나오는 주인공이다. 그는 잘생긴 외모로 수많은 요정의 사랑을 받지만 모두 거절해 버린다. 이에 복수의 여신 네메시스는 그에게 스스로를 사랑할 수밖에 없는 벌을 내린다. 물에 비친 자신을 사랑하게 된 나르키소스는 사랑을 얻지 못하는 괴로움에 결국 목숨까지 잃는다.

나르키소스는 이후 나르시시즘 혹은 나르시시스트라는 이름으로 심리학에서 주로 사용되고 있다. 즉 나르시시스트란 대인관계에서 모든 것을 자기중심적으로 생각하고, 본인에 대한 왜곡된 애착을 가진 사람을 말한다.

그런데 대화에도 '대화 나르시시즘'이 있다. 의외로 주위의 많은 사람이 이런 유형의 대화를 즐겨한다. 미국의 사회학자 찰스 더버는 대화 나르시시즘에 대해 이렇게 논하고 있다.

"대화 나르시시즘은 주목을 끌고자 하는 사람들의 지배적인 심리 성향을 잘 나타내준다. 이 성향은 가족, 친구, 동료들과 이루어지는 대화에서 주로 모습을 드러낸다. 끊임없이 자기 이야기만 하는 사람에게 대처하는 방법을 알려주는 책들이 인기를 얻는 것을 보면, 이런 성향이 일상생활 전반에 널리 퍼져 있음을 알 수 있다."

언제나 대화의 중심이 되는 이들이 있다. 이들은 두 가지 유형으로 나뉜다. 사회자와 같은 역할로 상대방의 말을 이끌어 내는 사람과 줄기차게 자신의 이야기를 하기에 바쁜 사람이다. 당신은 어떤 유형에 속하는가?

사회자와 같은 역할의 대표적인 예는 유재석이다. 상대방의 말을 이끌어 내는 역할을 하지만 언제나 빛이 난다. 타인을 세워 주지만 그 자신이 주인공인 듯 보인다.

반면 어떤 대화 주제에도 내가 주인공이 되어 자신의 이야기를 내세우는 사람들이 있다. 이들과 함께 있으면 재밌거나 불쾌하거나 둘 중 하나다.

A : 나 요즘 신입사원 때문에 너무 힘들어.

B : 왜?

A : 같은 걸 몇 번을 가르쳐도 왜 매번 같은 걸 묻지?

B : 말도 마! 우리 신입사원 이야기 들어보면 깜짝 놀랄걸?

A : 그래?

B : 요즘 우리 부서가 바빠서 부장님이 야근하자고 했는데, 신입이 반기
   를 들더라고. 대박이지?

A : 그러네.

B : 이유가 뭔지 알아? 근로계약서에 그런 내용이 없데. 너희 신입하고
   비교도 안 되지?

A : …….

A는 신입사원 때문에 속상한 마음을 털어놓고 싶었다. 하지만 B가
주도하는 대화로 흘러가 버렸다. B는 A보다 더 심한 신입사원 이야
기로 그를 위로하고 싶었을 것이다. 하지만 A는 B의 주도하에 흘러
가는 대화 속에서 소외감을 느낀다.

우리는 상대와 대화를 나누기보다는 자기가 하고 싶은 말을 하기
바쁘다. 상대의 상황을 나와 결부시켜 이야기한다. 나에 대한 이야기
에서는 내가 주인공이지만, 상대의 이야기에서는 상대가 주인공이
되어야 한다.

상대방이 꺼낸 화제에 대해 잘 안다고 해서 '주인공의 자리'를 빼앗는 대화 방식을 주로 쓰는 사람들이 있다. 대화를 나눌 때 마음속에 타인을 두지 못하기 때문이다. 언제나 대화의 중심은 '내'가 된다.

"난 헬스장에 등록하면 매번 운동화만 놓고 안 가게 돼. 버린 운동화만 몇 켤레인지 모르겠어."라고 상대가 이야기하면, "나처럼 운동해봐. 난 집에서 앱으로 홈트레이닝하고 있어. 집에서도 할 수 있는데 왜 그래?"라고 자기 이야기를 꺼낸다. 그러다 자신의 지식과 습관을 뽐내기에 이른다. 상대방은 이야기를 들어주지만 그와 오래 이야기하고 싶지 않다.

대화의 초점을 자신에게 돌려놓고자 하는 욕망은 우리 모두 일정

전환 반응	지지 반응
A : 나 요새 좀 우울해. B : 나도 정말 우울해. 이런 적이 없었는데 말이야.	A : 나 요새 좀 우울해. B : 왜? 무슨 일 있어?
A : 겨울 부츠를 사야겠어. B : 나도 겨울용 신발이 없는데, 부츠를 한번 볼까?	A : 겨울 부츠를 사야겠어. B: 그래? 어떤 종류로 볼 거야?
A : 배고파. 나 오늘 한 끼도 못 먹었어. B : 나도 배고파. 아침도 많이 먹었는데, 왜 이렇게 배가 고프지? 살이 찌려나?	A : 배고파. 오늘 한 끼도 못 먹었어. B : 왜? 일이 많이 바빴어?

부분 가지고 있다. 이런 성향은 성장하고 사회생활을 하면서 다듬어지지만 그렇지 않은 경우도 있다.

찰스 더버는 '대화 나르시시즘'과 관련하여 두 종류의 반응을 제시한다. **관심을 자기 자신에게 돌리는 '전환 반응'과 관심을 상대에게 두는 '지지 반응'이다.**

표의 대화에서 전환 반응이 '대화 나르시시즘'의 사례다. 대화가 낯설지 않을 것이다. 의외로 우리는 이런 대화를 많이 사용한다. 그래서 일상생활에서 얼마나 자주 타인의 이야기를 나의 이야기로 맞받아쳤는지 인식해야 한다.

아들이 학교에서 너무 더워서 머리가 아팠다고 하면, 나는 학교 다니던 시절 선풍기도 없었던 교실 환경을 이야기해줬다. 초등학생 딸이 오늘 너무 힘들고 피곤한 하루였다고 하면, 나는 엄마의 하루가 얼마나 치열하고 바빴는지를 이야기해줬다.

나의 의도는 선했다. 그보다 더한 엄마의 이야기를 듣고 위로받으라는 것이었다. 하지만 아이들은 전환이 아닌, 그저 지지를 원했다. "많이 힘들었겠다. 그럼에도 오늘 하루를 버텨낸 네가 자랑스럽다." 라고 들어주고 공감해주는 것이, 더 큰 힘이 된다.

어려움이나 속상함을 표현하는 사람들이 필요로 하는 건 그와 비슷한 경험을 한 타인의 사례가 아니다. 그저 자신의 이야기에 귀기울이면서, 그 경험에 공감하고 지지해주는 것이다. 하지만 대부분의 사람은 그들에게 내 이야기를 듣고 나를 인정해달라고 강요한다. 본인의 경험을 말하면서 같은 상황을 먼저 겪고 헤쳐 온 자신을 인정해주길 바라는 것이다.

사업체를 운영하는 한 사장이 직원들 때문에 속상해하던 어느 날이었다. 그는 사업체가 어려울 때도 직원들만큼은 최선을 다해 챙기곤 했다. 하지만 직원들은 늘 대기업과 비교하며 푸념하고 불만을 토로하기 일쑤였다. 마음의 상처가 컸던 그에게 B업체의 사장은 대답했다.

"나도 그런 시절이 있었죠. 사장님이 겪은 그런 일은 일도 아니지요. 내가 겪은 황당한 일들을 들어보면 사업 자체가 하기 싫어질걸요? 어떤 일이 있었냐면 말이죠. (중략) 그나저나, 직원들한테 일하면서 먹으라고 맛있는 것도 좀 많이 사주고 그래요. 그런 것도 얼마나 중요한데, 사장님 그런 거 안 하죠?"

마음의 위로와 공감을 얻고 싶었던 그는 왠지 모르게 씁쓸한 기분을 감출 수 없었다. 억울하고 속상했던 그의 마음에 B사장의 말이 위로가 되었을까? 마치 B사장의 자서전 같은 성공 신화를 듣고 있는 것 같지 않았을까? 아마 그는 두 번 다시 B사장에게 고민을 털어놓지 않을 것이다.

이 세상 모든 사람은 자신이 주인공인 세상을 살아간다. 그러니 주인공인 상대방에게 단독 조명을 비춰 주도록 하자. 대화의 스포트라이트를 나에게 비추는 것이 아니라, 상대에게 넘겨주는 것이다. 당신은 그저 관객이 되어 그 사람의 말을 경청하고 지지해주면 된다. 그러면 그 사람은 당신과의 대화를 늘 기다릴 것이다.

유재석이 빛나는 이유는 그가 내뱉는 말의 주인공은 자신이 아니라 상대방이라는 것, 즉 상대 중심의 대화법 때문이다. 그와 함께하면 상대의 장점이 잘 드러난다. 그렇게 상대에게 스포트라이트를 비춰주기에, 언제나 자신이 의도하는 대로 대화의 방향이 흘러간다.

오랜만에 만난 자리에서 "나는 이렇게 지냈어."라고 말을 시작하는 사람과 "그동안 어떻게 지냈어?"라고 상대의 안부를 먼저 묻는 사람이 있다. 누가 더 호감이 가는지는 굳이 따져보지 않아도 알 수 있다. 사람은 누구나 자신의 존재를 인정받고 싶어 하고 관심을 끌기 바란다. 상대의 관심을 끌려면 어떻게 해야 할까?

상대의 자존감을 세워 주고, 존재감을 드러내게 하고, 자신의 이야기를 듣고 싶어 하는 사람에게 호감이 생길 수밖에 없다. 모든 대화에서 주인공이 되려고 하지 말자.

그의 마음이 어떨지
상상하며 대화하기

진주 장터 생어물전에는

바다 밑이 깔리는 해 다 진 어스름을,

울 엄매의 장사 끝에 남은 고기 몇 마리의

빛 발하는 눈깔들이 속절없이

은전만큼 손 안 닿는 한이던가.

울 엄매야 울 엄매,

별밭은 또 그리 멀어

우리 오누이의 머리 맞댄 골방 안 되어
손 시리게 떨던가 손 시리게 떨던가,

진주 남강 맑다 해도
오명 가명
신새벽이나 달빛에 보는 것을,
울 엄매의 마음은 어떠했을꼬,
달빛 받은 옹기전의 옹기들같이
말없이 글썽이고 반짝이던 것인가.

가난했던 어린 시절을 회상하는 박재삼 시인의 〈추억에서〉라는 시다. 가난한 삶에서 아이들을 지켜내기 위해 눈물을 머금어야 했던 어머니의 마음이 아들의 입을 통해 고스란히 전달된다.

보통은 가난했던 어린 시절을 회상할 때면 본인 위주의 아픔을 토로한다. 그러나 박재삼 시인은 가난했던 어린 시절을 회상하며 어머니의 아리고 먹먹했던 마음을 들여다보고 있다. 타인의 마음을 들여다보는 사람과의 대화는 결이 다를 수밖에 없다.

내 나이 40이 넘었지만, 지금 생각해도 여전히 가슴 아픈 20년 전의 한 대화가 있다. 교회 청년부는 방학을 이용해 해외 선교 봉사활동을 가곤 한다. 선교 봉사를 위해 많은 분이 물질적 도움과 기도로 함께해주시기에 큰 비용이 들진 않는다.

하지만 방학 내내 아르바이트를 쉴 수 없었던 나에게는 선뜻 따라 나서기 힘든 봉사활동이었다. 방학을 그렇게 보내고 나면 다음 학기 용돈이 걱정되는 상황이었다. 그런 나에게 청년부 부장 집사님이 몇 번이나 선교 봉사를 권유하셨다. 그도 그렇듯이 그 당시 또래 친구들 은 모두 따라나서는 상황이었다. 하지만 나는 그럼에도 갈 수 없는 사정을 몇 번이나 정중히 말씀드렸다.

집사님 : 얼마나 좋은 기회인데 이걸 안 간다는 거야.

나 : 저도 가고 싶지만 개인적으로 여러 사정이 있어요. 비행기값도 부
　　담되고요.

집사님 : 비행기값은 교회에서 부담해줄 수 있어. 그건 핑계야.

나 : 그리고 아르바이트도 쉴 수 없어요. 다음 학기 용돈이니까요. 계절
　　학기 수업도 들어야 하고요.

집사님 : 너 그렇게 공부해서 성적 잘 받으면 그게 행복일 것 같니?

나 : …….

집사님 : 너 그렇게 살면 분명히 나중에 후회한다. 나 원 참, 뭐가 우선인
　　　지는 알고 살아야지.

나 : …….

이날 나는 너무 서러워 닭똥 같은 눈물을 흘리며 펑펑 울었다. 신앙의 근간마저 흔들릴 뻔했던 순간이었다. 20년이 넘는 세월이 흘렀지만, 아직도 나에게는 잊히지 않는 순간이다.

물론 신앙적으로 뭐가 우선인지는 나도 안다. 나도 친구들처럼 봉사활동을 가고 싶었다. 하지만 나에게는 그보다 지켜내야 하는 나만의 현실과 상황이 있었다. 그런 아픔을 이해하려 하지 않고, 내가 가진 신앙의 깊이를 아주 얕고 보잘것없는 것으로 만들어버린 집사님이 원망스러웠다. 내가 처한 현실은 아무것도 아니라는 듯, 그건 핑계일 뿐이라며 이해조차 하지 않는 그분과 더 이상 대화하고 싶지 않았다.

이렇듯 다른 사람과 대화할 때는 상대를 중심에 두고 생각해야 한다. 대화를 나누는 상대를 눈뿐만 아니라 마음에도 담는 것이다. 예를 들어 **"나, 차 샀어."라는 말을 들었을 때 '차' 자체가 아니라 '차를 운전하는 상대방'을 떠올리면서 이야기를 건넬 수 있으면 된다.**

"우와, 새 차라서 탈 때마다 신나겠다." "오랫동안 고민했을 텐데 고민한 시간만큼 더 만족스럽고 행복하겠다."와 같이 말이다.

조 바이든 대통령은 평범한 미국인들과 소통하는 공감 능력으로 유명하다. 그의 공감 능력은 경험으로부터 비롯했다. 그는 어릴 때부터 말더듬이 심해 친구들에게 놀림받았던 기억과 교통사고로 전 부인과 딸을 잃었던 아픈 경험들이 있었다. 이 경험들이 그를 다른 사람의 고통을 헤아릴 줄 아는 사람으로 성장시켰다.

그저 말로만 공감하는 것과 온 마음을 다해 그 사람의 마음을 상상하고 공감하는 것은 관계에서 큰 차이를 가져온다. 상대방도 그것을 여실히 느끼기 때문이다. 경험을 한 후에 공감하는 것은 그 사람의 처지와 마음 상태를 온전히 느끼게 한다. 그만큼 포용력, 공감 능력, 이해의 폭이 넓어진다.

어느 방송에서 한 출연자가 소속 기획사 사장의 어려웠던 시절을 회고했다. 경제적으로 어려웠던 사장이 하루는 딸의 돼지 저금통을 몰래 들고 나왔다고 한다. 그리고 주유소에서 돼지 저금통의 배를 갈라서 주유비를 지불했다. 이 이야기에 두 명의 MC는 다른 반응을 보였다.

MC 1 : 사장님이 돼지 저금통을 미리 뜯어서 오지, 왜 힘들게 현장에서? 하하하!

MC 2 : 이것까지 차마 쓰고 싶지 않았던 거지요. 따님의 돼지 저금통이기 때문에 그걸 여는 데, 얼마나 망설였을까요.

MC 1의 말은 모두를 웃겼다. 하지만 MC 2는 아빠의 마음을 깊이 이해했다. 딸의 돼지 저금통까지 털어야 했던 아빠의 마음은 얼마나 아렸을까. MC 2는 아빠의 처지에 자신을 대입했을 것이다. 가난한 아빠의 아픔을 들여다보지 않고서는 그런 공감 어린 말을 하기 어렵다.

MC 1이 잘못했다는 것이 아니다. MC 1은 방송의 재미를 위한 자신의 본분에 충실했다. 하지만 만약 사연의 주인공이 방송을 봤다면 MC 2의 멘트에 깊이 감사했을 것이다.

딸 : 엄마, 피아노 칠 때 손가락이 너무 아파.

엄마 : 그치? 엄마도 어릴 때 손이 작아서 피아노 칠 때 너무 아프더라.

딸 : 엄마도 그랬어? 근데 크니까 괜찮아졌어?

엄마 : 응, 키가 크고 손도 크니까 나중에는 아무렇지 않더라.

딸 : 그럼 나도 조금만 있으면 괜찮아지겠네?

엄마 : 그럼!

딸 : 엄마, 이번에 영어 말하기 대회 나가서 너무 떨렸어. 나는 왜 이러지?

엄마 : 그치? 엄청 떨리지? 머릿속이 새하얗겠다.

딸 : 응, 갑자기 막 떨리고 긴장되고 그랬어.

엄마 : 엄마도 옛날에 그랬어. 하나도 생각이 안 나서 어떻게 하고 내려
　　　왔는지도 모르겠더라.

딸 : 정말? 엄마도 그랬어?

엄마 : 응, 근데 네가 엄마보다 훨씬 나은 것 같아. 엄마는 작은 대회에서

도 벌벌 떨었는데 말이야.

딸 : 정말? 나 대단한 일 한 거야?

엄마 : 그럼, 엄만 내 딸이 너무 자랑스러워!

딸 : 나 다음에도 또 대회 나가볼래!

상대의 상황을 온전히 들여다본 공감은 상대방의 마음을 열고 자존감을 높여 준다. 공감은 상대방의 감정에 확신을 준다. 그리고 자신의 감정이 잘못된 것이 아님을 타인을 통해 확인받으면서, 자존감도 함께 커진다.

대화에서 상대방이 나에게 원하는 것은 이성적인 판단과 조언이 아니다. 내 마음을 귀기울여 들어주고 공감해주기를 원한다. 그러면 문제 해결은 스스로 찾아가게 된다. 상대방이 아닌, 나를 중심에 둔 대화로 피상적인 공감을 하는 사람이 아니길 바란다. 타인의 마음을 들여다보는 대화를 하자.

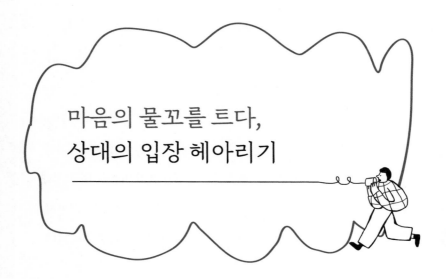

마음의 물꼬를 트다,
상대의 입장 헤아리기

오빠와 동생이 더 큰 파이를 먹기 위해서, 서로 파이를 자르겠다고 다투고 있었다. 동생보다 힘이 센 오빠가 칼을 빼앗아 자기 몫을 크게 자르려고 했다. 자기 몫이 작아질 거라 생각한 동생은 큰 소리로 울었다. 이 모습을 지켜보고 있던 엄마가 나섰다.

"잠깐! 아들아, 네가 힘으로 칼을 빼앗아 파이를 자르게 되었으니, 동생도 한 번의 선택은 할 수 있어야 하지 않겠니? 네가 파이를 자르면 잘린 파이를 선택하는 것은 동생이 하도록 하자구나."

이 말을 듣자, 오빠는 정확하게 파이를 반으로 잘랐다.

《유머라면 유대인처럼》에 나오는 〈협상 2〉라는 이야기다. 의사소통의 기본 중 기본은 상대방의 상황을 고려해서 상대방의 입장에서 생각해보는 것이다. 이를 역지사지라고 한다. 역지사지란 나와 다른 사람의 입장을 바꾸어 생각해본다는 뜻이다. 그래서 **갈등은 대화로 푸는 것이 아니라, 이해와 양보로 푸는 것이다.**

내 말이 어떻게 들릴지를 상대방의 입장에서 생각해봐야 원활한 의사소통이 가능하다. 왜 이렇게 번거로운 일을 해야 하느냐고? 내 의도를 상대에게 정확하게 전달하기 위해서다. 상대의 입장에서 내 말이 어떻게 들릴지를 파악해야, 상대에게 내 말을 어떻게 전달해야 할지 정확히 알 수 있다.

A : ○○씨, 이번 VIP 간담회 예산 보고서 작성해오세요.

B : 네. (그게 뭐지? 어떤 VIP지? 간담회에서 무슨 내용을 다루는 거지?)

(그날 오후)

A : ○○씨, 보고서가 이게 뭡니까! 이걸 보고서라고 작성했어요?

B : 죄송합니다. 얼른 수정하겠습니다. (대체 뭘 어떻게 하라는 거야)

만약 이 보고서를 신입사원이 아닌 경험 있는 대리가 작성했다면 상황은 달라졌을 것이다. 배경지식의 차이 때문이다. 간담회의 목적, 필요한 준비 사항, 행사 진행 과정 등을 신입사원은 당연히 알지 못한다.

그런 사람에게 상사의 위와 같은 지시는 맞지 않다. 이때는 신입사원의 배경지식이 전무하다는 것을 이해하고, 그 사람의 입장에서 지시 내용을 달리했어야 한다. 그렇다면 상사도 만족스럽고, 신입사원 스스로도 자랑스러운 보고서가 완성됐을 것이다.

이를테면 다음과 같이 말이다.

A : ○○씨, 이번 VIP 간담회 예산 보고서가 필요합니다. 간담회 내용에 대해 알려줄 테니, 오늘 오후까지 보고서 작성해오세요.

B : 네.

A : 이번 VIP 간담회에는 100여 명의 고객이 참여할 예정입니다. 시간은 두 시간 정도 소요될 예정이고 식사를 함께 곁들일 거예요. 이건 작년 예산 보고서입니다. 참고하세요.

B : 네, 열심히 하겠습니다.

위와 같이 직장 내 역지사지는 그 사람의 직급, 직위, 업무 스타일, 부서 내 역할 등 모든 부분을 고려해야 한다.

같은 업무도 상사와 직원이 가진 정보의 양과 질은 다르다. 상사가 전체 업무의 100%를 알고 있다면 직원은 자신이 담당하는 일부의 업무만 알고 있다. 따라서 100을 알고 있는 상사가 보기에 직원이 답답할 수밖에 없다. 직장 내에서 원활한 업무를 위해서 더더욱 상대방의 상황과 처지를 이해해야 하는 이유다.

그래서 요즘 유행하는 '거울 치료'라는 것이 있다. 원래 거울 치료란 의학 분야에서 쓰던 표현이다. 팔이나 다리 등 한쪽 부위가 마비되었을 때, 팔다리 사이에 거울을 끼워 마비된 쪽 팔이 움직이는 것처럼 뇌가 인식하고 자극받게 하는 치료법이다.

그러나 지금은 심리학적으로 더 넓게 활용되고 있다. **자신의 행동을 타인이 그대로 하는 것을 봄으로써 자신의 행동을 깨닫게 만드는 것이다.** '눈에는 눈'으로 대표되는 함무라비 법전도 같은 맥락이다. 죄지은 만큼 똑같이 벌을 받게 함으로써, 자신의 행동을 객관적으로 느끼게 만드는 것이다.

A : 나는 우리 딸 부부가 고양이들을 위해 이렇게까지 하는 게 이해가 안 돼.

B : 왜요?

A : 고양이들 놀이터를 만들어주겠다고 이렇게까지 돈을 들이고, 시간을 써야 하냐는 말이지.

B : 그럼 아버님은 고양이 안 좋아하세요?

A : 나요? 나도 고양이 5마리 키우죠. 그러고 보니, 나도 고양이 놀이터를 만들어주긴 했네.

B : 그런데 왜 핀잔을 주세요.

A : 하하하, 그렇네. 동물들이 주는 힘이 커요.

얼마 전 한 TV 프로그램에서 방송된 내용 중 일부다. 딸 부부의 행동이 이해되지 않았던 아버지가 처음에는 툴툴거리며 잔소리를 한다. 하지만 리포터의 질문에, 아버지는 자신과 딸이 같은 입장이었음을 깨닫고 멋쩍게 웃어넘긴다. 입장을 바꿔 생각하면 금방 이해될 수 있는 상황들이 의외로 많다.

일상생활에서 많이 건네는 위로의 경우도 마찬가지다. 부인하고 싶겠지만, 대부분 우리는 나의 입장에서 위로를 건넨다. 그래서 슬픔과 좌절에 빠져서 누구와도 소통하고 싶지 않을 그들에게 "괜찮아?"라고 말을 건넨다.

하지만 입장 바꿔 생각해보자. "괜찮아?"라는 말이 위로가 되는가? '내가 그 사람이라면'이라고 생각해보자. 이때는 상대방에게 마음껏 슬퍼할 시간을 주고, 이후에 "괜찮아?" 대신 "괜찮아!"라고 대답할 의무를 주지 않는 진심이 담긴 위로가 어떨까?

사람들과 대화할 때 수고를 인정해주는 말로 말문을 트는 것도 아주 좋은 방법이다. 이를테면 "여기까지 오시느라 고생 많으셨죠?" "제가 생각지도 못하는 수고가 많으시죠?"와 같이 말이다.

"그럴 수 있지!"라는 말은 어떤 상황도, 어떤 사람도 다 이해할 수 있게 만드는 마법의 문장이다. 다른 사람의 입장을 역지사지의 관점으로 바라본다는 것은 생각보다 쉽지 않다. 내가 그 사람이 되어보지 않았기 때문이다. 전혀 이해할 수 없을 것 같은 상황도 상대방의 입장에서 생각해보면 '그럴 수도 있겠다' 싶은 게 인생사다.

핑계 없는 무덤 없다고, 모든 사람에겐 그렇게 행동할 수밖에 없는 이유가 있다. 그 입장을 먼저 이해해야 의사소통이 가능해진다. 이 번거로운 모든 과정은 사실 나를 위함이다.

역지사지! 내 의도와 마음을 상대에게 정확하게 전달하기 위해 기꺼이 가져야 하는 수고로움이다.

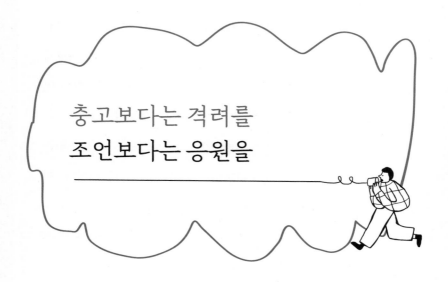

충고보다는 격려를
조언보다는 응원을

"결함 덩어리인 세계에서 진실한 친구를 만났다면, 그를 소중히 여기길 바란다. 우리는 가끔 자기 자신에게조차 성실하지 못하다. 그러므로 타인을 호되게 비난해서는 안 되며, 인간의 본성은 본래 복잡한 것임을 알아야 한다."

충고에 관한 쇼펜하우어의 말이다. 많은 사람이 상대방을 위해 충고한다. 하지만 충고는 잘못하면 지적이 되고 잘하면 조언이 된다. 충고가 독한 지적질이 되지 않고 센스 있는 조언이 되기 위한 '충고의 세 가지 원칙'이 있다.

① 둘 사이에 충고할 만한 인간관계의 밀도가 있는가? 만난 지 몇

개월 안 됐을 때의 충고를 '잘난 척' 또는 '지적질'이라고 한다. 그래서 인간관계가 깊지 않는데 충고를 해달라고 했을 때는 피하는 게 상책이다. 인간관계의 밀도가 높지 않은 상태에서 충고가 무거울 경우, 그 무게를 감당하지 못하고 인간관계가 뚝 끊긴다.

② **상대방이 충고를 구했는가?** 충고라는 게 대부분 잘하고 있는 것을 칭찬하는 것이 아니다. 고쳐야 할 점, 수정해야 할 점, 못마땅한 점을 이야기한다. 그래서 칭찬은 빨리할수록 좋지만, 충고는 그 사람이 조언을 구할 때까지 기다려야 한다. 상대방이 부탁한 조언도 조심스러운데, 요구하지 않는 조언은 지적질이 될 확률이 높다.

③ **충고가 짧고 간결한가?** 충고가 그 사람에게 도움을 주기 위해서는 복잡하고 어려워서는 안 된다. 충고는 그 사람의 생각을 무너뜨리고 내 생각을 주입하는 것이 절대 아니다. 하물며 충고는 위로가 아니다. 위로는 길게 할수록 격려가 되지만, 조언은 짧아야 힌트가 된다.

인간에게는 문제 상황에서 입바른 소리로 타인을 가르치고 교정하려는 '교정 반사 작용'의 심리가 있다. 즉 우리는 충고를 통해 상대를 변화시키려고 한다. 충고가 상대를 중심에 놓는 대화가 아닌 이유다. 우리의 대화 목표는 상대를 변화시키는 것이 아니라, 상대의 마음을 여는 것임을 명심하자.

A : 내가 우리 동기 중에 제일 먼저 승진했어. 나 진짜 고생했어.

B : 축하해.

A : 그동안의 마음고생을 보상받은 것 같아.

B : ○○아, 내가 우리 회사에서 먼저 승진해본 입장으로 너를 위해서 하는 말인데. 빠른 승진이 다 좋은 건 아니야.

A : 아, 그래?

B : 주변의 눈총 받지 않으려면 항상 입조심하고, 행동 조심해야 해. 그리고…….

A : 어, 충고 고마워.

"너를 위해서 하는 말이야."라는 말은 얼핏 보면 선의가 담긴 표현 같다. 하지만 이는 상대방을 위한 말이 아니라 나를 위해 하는 경우가 많다. 그들의 충고가 고맙기는커녕 불쾌감을 불러일으키는 경험을 느낀 적이 있을 것이다. 나 역시도 누군가가 "다 너를 위해서 하는 말인데."로 말을 시작하면 긴장부터 하게 된다.

위 사례에서 A는 본인의 노고와 고생을 축하받고 지지받고 싶었을 것이다. 하지만 B는 너를 위한다는 명목으로 충고하기 시작했다. 이 충고가 본인을 돋보이게 만드는 허세처럼 보이는 건 나만의 생각일까? 이런 말을 개운한 마음으로 즐겁게 받아들일 사람은 세상에 그리 많지 않다. 누군가의 생각에 함부로 침범해 조언하고 싶은 마음을 자제하자.

미국의 칼럼니스트 윌리엄 아서 워드는 "아첨해봐라, 당신을 믿지 않게 될 것이다. 비판해봐라, 당신을 좋아하지 않게 될 것이다. 무시해봐라, 당신을 용서하지 않게 될 것이다. 격려해봐라, 당신을 잊지 않게 될 것이다. 사랑해봐라, 당신을 사랑하지 않을 수 없게 될 것이다."라고 했다.

충고를 많이 하는 사람은 주변에 그를 진심으로 좋아하는 사람이 없다. 사람들은 모두 날카로운 지적보다 따뜻한 격려의 한마디를 원한다. 인간관계를 잘 맺고 싶다면, 대화를 잘하고 싶다면 충고보다는 격려와 지지의 말을 사용해보자.

우리 주변에는 종종 조언을 부탁하는 사람들이 있다. 그런데 그들이 정말로 원하는 것은 조언이 아니다. 사실 그들은 인정과 지지를 원한다. 조언을 바라는 마음속 깊은 곳에는, 자신의 판단이 옳았음을 인정받고 싶어 하는 마음이 숨어 있다.

그들은 자신의 결정을 지지하고 응원해달라는 부탁 대신, 조언을 청한다는 겸손한 표현을 쓴다. 그러므로 조언은 아껴야 한다. 대신 지지와 인정을 듬뿍 선사하는 것이 낫다.

A : 오늘 저의 강의가 어땠나요? ○○님의 고견 부탁드려요.
B : 제 조언이 도움이 된다면 몇 가지 말씀드려도 되겠습니까?

A : 아, 네. 그럼요.

B : 우선, 강의하시는 목소리 톤은 아주 좋았습니다. 하지만 시간 관리
　　가 좀 안 됐어요. 다소 길었던 감이 있습니다. 그리고 내용이 너무 진
　　지하다 보니 집중력이 흐트러지는 아쉬움이 있었어요.

A : 아, 네. 감사합니다. 다음번에 참고하도록 하겠습니다.

　열심히 강의를 준비했던 A가 과연 진심으로 조언을 원했을까? 그
는 본인이 열심히 준비한 강의에 대해 칭찬과 응원을 받고 싶었을 것
이다. 그것을 에둘러 표현한 것이 "고견 부탁드려요."였다.

　고민 상담에도 철칙이 있다. 조언하지 않는 것이다. 경험이 많은 선
배가 후배에게 조언하는 장면을 떠올려보자.

　"다 그래, 시간이 지나면 능숙해지게 돼 있어. 나도 처음 이 일을 시
작했을 때 말이지……."

　이처럼 자신의 경험이 전부인 양 조언하는 경우가 상당하다. 하지
만 고민을 털어놓은 입장에서 원했던 것은 잘하고 있다는 확신인 경
우가 훨씬 많다.

　누군가 조언을 구할 땐 차라리 "조언은 절대 안 한다."라고 마음을
먹고 시작하는 것도 하나의 방법이다. 여기서 중요한 것은 "너는 어
때?" "너는 어떻게 하고 싶은데?"라고 함께 고민하는 자세다. 그리고
상대의 말이 완전히 끝날 때까지 자기 이야기나 조언은 삼가는 편이

좋다.

답은 대부분 자기 자신 안에 있는 법이다. 대화 말미에 상대가 "뭐, 눈앞의 일부터 차근차근할 수밖에 없겠지."라고 스스로 마음을 추스를 수 있도록 들어주는 것이야말로 진짜 고민 상담이다.

앞선 사례의 대화를 바꿔보자.

A : 오늘 저의 강의가 어땠나요? ○○님의 고견 부탁드려요.

B : 너무 훌륭했습니다. 준비하시느라 애 많이 쓰셨죠?

A : 준비한 티가 좀 났나요? 시간을 많이 들여서 준비했습니다.

B : 준비하신 만큼 많은 정보를 얻었습니다.

A : 다행입니다. 평소 많은 강의를 진행하신 ○○님께서 이렇게 말씀주시니 용기가 납니다.

조지프 에디슨은 "기꺼이 받아들일 수 있는 충고라는 것은 없다."라고 했다. 충고를 좋아하는 사람은 없다.

뉴욕 대학 닐 볼거 교수는 연인의 말지지, 충고이 스트레스에 미치는 영향을 연구했다.

대학에서 연인 중 한 사람이 중요한 시험을 앞둔 커플들을 모집했다. 그리고 시험 날까지 서로 간에 있었던 일과 스트레스 지수를 기록하게 했다. 힘들 때 해주는 말이 스트레스에 어떤 영향을 주는지 분석했다. 힘들 때 아낌없이 해주는 말이 도움되리라 예상했지만, 결과는 달랐다.

충고를 듣지 않은 날은 스트레스 지수가 낮았고, 오히려 충고를 들은 날은 스트레스 지수가 높게 나왔다. 충고와 조언을 받은 날에 심한 압박감과 무능함을 느낀 것이다. 충고와 조언은 스트레스만 가중할 뿐 큰 도움이 되지 않는다는 연구 결과다.

그렇다면 언제 충고와 조언을 해야 할까? 자기 이야기를 꺼내는 타이밍은 남의 고민을 '더 이상 할 이야기가 없을 만큼' 진득하게 들어준 다음에 하는 편이 좋다. 충분히 들어주고 나면 상대방이 진심으로 도움을 요청해오는 경우가 있다. 충고는 그때 하면 된다.

A : 선배님, 저는 일을 해도 속도가 나지 않는 것 같아요. 도대체 뭐가 문제일까요?

B : 요즘 일주일 연속으로 야근하느라 힘들었지? 새로운 프로젝트에서 역할을 잘 수행해주고 있어서 정말 고마워.

A : 감사해요.

B : 지금도 잘하고 있지만, 고민하는 부분에 대해 도움될 몇 가지 팁을 줄게. ○○씨는 모든 일을 혼자 하려고 많이 끙끙대더라고. 그런데 업무를 자꾸 분배하려고 해야 해. 예를 들어 데이터 분석 같은 경우엔 판매팀 직원에게 맡기는 식으로 말이야.

A : 정말 감사해요, 선배님. 많은 도움이 됐어요.

B : ○○씨는 목표 의식과 책임감이 뚜렷해. 그래서 앞으로 팀 내에서 더 중요한 일들을 해낼 수 있을 거라 믿어!

대화할 땐 상대방을 중심에 놓아야 한다. 내가 중심에 있는 대화는 상대에게 전달되지 않는다. 그래서 더더욱 충고는 어렵다. 충고는 내 중심에서 옳다고 생각한 나의 경험을 전달하는 것이기 때문이다. 따라서 가능하면 충고보다는 지지와 격려로 대화를 이끌어 가야 한다.

하지만 꼭 충고가 필요할 때 상대의 입장에서 도움될 수 있도록 조심스럽게 이어 가야 한다. 다시 말하지만, 대화 목표는 상대를 변화시키는 것이 아니다. 상대의 마음을 열어 나의 메시지를 전달하는 것이다.

당신의 충고가 누군가에게 불쾌한 일이 아닌, 용기를 주는 일이 되기를 바란다.

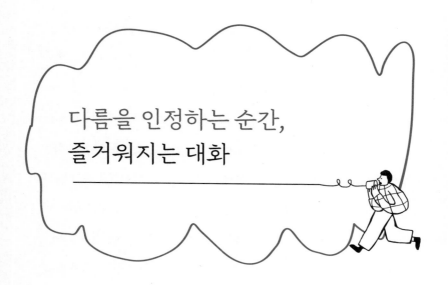

다름을 인정하는 순간, 즐거워지는 대화

13이라는 숫자는 미국에서는 불운이지만 이탈리아에서는 행운을 뜻한다. 9라는 숫자는 일본에서는 불운이지만 중국에서는 행운이다. 사실은 하나인데 해석은 종교, 문화, 발음 등으로 제각기 다르다. 틀린게 아니라 다르다.

《유머라면 유대인처럼》에 나오는 〈행운과 불운〉이라는 이야기다. 삶에 정답은 없다. 사람마다 처한 현실과 상황이 모두 다르기 때문이다. 그럼에도 많은 사람이 자신의 기준을 내세워 타인을 판단한다. 대화를 잘하는 사람이 되고 싶다면 이 점을 인정하자. 나와 다름을 인정하면 나의 기준만큼이나 상대방의 기준도 중요하다는 사실을 인식한다.

정리를 강조하는 한 엄마가 있었다. 이 엄마가 아이에게 가장 많이 하는 말이 "정리 좀 해!"다. 어느 날 일을 마치고 귀가한 엄마는 애벌레가 껍질을 벗듯 옷에서 몸만 쏙 빠져나와 소파에 벌렁 누워 있는 아들을 보았다. 순간 엄마는 "야! 엄마가 몇 번을 말해? 정리하고 쉬라고! 이제 이런 것쯤은 스스로 할 수 있잖아!" 하고 소리를 버럭 질렀다. 아이는 엄마에게 성큼성큼 다가와 당차게 말했다.

"엄마! 엄마는 집이 뭐라고 생각하세요? 제가 생각하는 집은 편히 쉴 수 있는 공간이에요. 학교에서는 저도 정리를 잘하고 지내요. 오늘은 너무 더웠고 집으로 오는 길에 땀을 흘려서 땀 좀 식히고 정리할 생각이었는데, 왜 엄마는 오자마자 정리부터 하라고 그러는지 이해할 수 없어요."

정리는 엄마의 기준일 뿐 정답은 아니다. 아들은 열이 많은 체질이고, 한여름에 학교에서 걸어오자면 땀으로 흠뻑 젖는 것은 당연하다. 그러니 아이가 집에 와서 제일 먼저 하고 싶은 일은 정리가 아니라 땀을 식히는 것이다. 나의 기준으로 소통하려고 하면 대화는 불통이 될 수밖에 없다. 나의 기준이 아닌, 상대방의 기준과 상황을 이해하려 한다면 대화는 달라진다.

A : 우리 부산에 온 김에 해운대 한 번 들렀다 가자.

B : 이 추운 겨울에 뭐 하러 해운대를 가. 지금 가봐야 볼 것도 없어.

A : 너는 많이 가봤겠지만, 난 한 번도 못 가봤어.

B : 바다가 해운대만 있는 것도 아니고, 지금은 주차하기 힘들어.

A : 부산에 또 언제 올지도 모르는데.

B : 시간 없어. 해운대 볼 것 없어. 내가 잘 알아. 일단 돌아가자.

A : …….

우리는 흔히 이런 사람을 만난다. 여행을 갔을 때 모처럼의 나들이에 들떠 있는 사람들에게 이렇게 초를 친다.

"나 여기 와봤는데, 별로야. 저쪽으로 가자."

"여기 맛집이라고 해서 들러봤는데 별로였어. 저기로 가자."

이렇게 말하는 사람과 함께하는 여행이 어떨 것 같은가? 모처럼의 흥을 다 깨버리는 불청객일 수밖에 없다. 본인의 기준에서 정답처럼 말하는 선택지들이, 함께 여행하는 사람들에겐 그럼에도 불구하고 경험해보고 싶은 어떤 것일 수 있다.

A : 국물 맛이 끝내준다. 그렇지 않아?

B : 난 별로, MSG 맛이 확 올라오네.

A : 난 잘 모르겠는데.

B : 진짜 잘하는 데를 못 가봐서 그래. 국물이 허연 거 보니 인위적인 게 딱 티가 나네.

A : ······.

B : 에이, 그저 그렇다. 얼른 먹고 나가자.

"아, 이 집 와인 종류가 별로 없네. 여긴 김치 맛이 좀 별로네."라고 미식가를 흉내내는 말들은 어떤가? 나는 이 집 음식이 맛있고 분위기도 훌륭하다고 생각하던 차에, 상대방이 던지는 이 한마디에 어떻게 반응해야 할까? 맛있다고 말할 수 있을까? 나에게는 맛이 없을지라도 그것은 나의 입맛과 나의 기준일 뿐이다. 상대방에게는 맥빠지는 일이다.

물론 상대의 생각과 기준이 그를 수 있고, 내 말과 기준이 옳을 수도 있다. 하지만 옳은 말이라고 상대에게 모두 다 유익하진 않다. 그러니 옳은 말이라는 생각이 들더라도 그 기준이 상대에게 유익한지 돌아봐야 한다. 상대의 유익을 생각하지 않고 옳고 그름만을 따질 때 대화는 단절된다.

이렇듯 대화의 불통을 일으키는 '생각의 기준'에는 비교, 당연시, 강요, 합리화 등이 있다.

'**비교**'란 둘 또는 그 이상의 사물이나 현상을 견줘 서로 간의 유사점과 공통점, 차이점 따위를 밝히는 일을 말한다. 대화에서의 비교는 옳다고 생각하는 기준을 마련해놓고 그 기준에 상대가 미치느냐, 그렇지 않느냐를 따지게 된다. 따라서 상당히 비판적인 내용을 담게 된다.

"다른 남자 친구들은 안 그런다는데, 자기는 왜 그래."

"다른 아내들은 일하면서 살림도 잘한다던데, 당신은 왜 이래."

"언니 반만 따라가 봐라."

"CS팀은 야근을 강행하며 이번 달 목표에 달성했다고 합니다. 느끼는 거 없나요?"

'**당연시**'란 자신의 기준을 타인에게 적용하면서 그것이 당연하다고 주장하는 것이다. 이들은 자신의 생각과 감정이 옳다고 믿기에 기준을 굽힐 생각이 없다.

"신입이라면 당연히 그 정도는 해야지."

"엄마는 당연히 그렇게 해야 하는 거야. 엄마가 쉬운 줄 알아?"

"그럴 줄 알았어. 그런 결과는 당연한 거야."

"내가 비용을 냈으니, 당연히 이 정도는 대접해줘야 하는 거 아니야?"

"친구라면 당연히 이 정도는 이해하는 거 아니야?"

'**강요**'란 내 기준이 옳다는 가정하에, 내가 가진 힘과 경험에 빗대어 상대에게서 선택의 자유를 박탈하는 것을 말한다.

"이거 안 하면 오늘 자유 시간은 없어."

"그냥 알려준 대로만 해, 나 신입 땐 다 그랬어."

"내가 해봐서 아는데, 그거 그렇게 하면 안 돼."

"전문가인 제가 추천하는 상품으로 구입하시면 돼요. 다른 건 볼 필요도 없어요."

'합리화'란 자신의 생각과 기준을 정당화하기 위해 상황과 말을 그 기준에 맞게 포장하는 것이다.

"나도 이러고 싶지는 않아."

"다들 그렇게 살아. 다 그런 거야."

"사회생활이라는 게 원래 그런 거야. 어쩔 수 없어."

"결혼생활이 다 그렇지. 특별한 거 없어."

평소 내가 사용하던 익숙한 언어들이 많이 보이지 않는가? **우리는 생각보다 쉽게 타인에게 비교하고, 당연시하고, 강요하고, 합리화한다. 내 기준이 옳다고 생각하기 때문이다.** 상대방의 입장을 생각하면 절대 함부로 나올 수 없는 대화 방식이다. 내가 들었을 때 기분 나쁜 언어 표현은 다른 사람에게도 마찬가지다.

재미있는 탈무드의 일화가 있다. 경찰에게 쫓기는 도둑이 강가에 이르러 막 떠나려는 나룻배에 올라탔다. 뒤를 쫓던 경찰이 사공에게 멈추라고 소리쳤지만, 사공은 귀머거리였다. 도둑은 귀머거리 사공을 만난 것이 행운이라고 생각했다.

배가 건너편 강가에 거의 도착하자, 건너편 강가에 경찰이 도둑을 기다리고 있었다. 도둑은 사공을 향해 큰 소리로 배를 돌리라고 소리 쳤다. 하지만 사공은 귀머거리여서 듣지 못하고 강가에 배를 댔다. 경찰에게 붙잡힌 도둑은 귀머거리 사공을 만난 것이 불운이라고 생각했다.

　이처럼 자기 자신에게 닥친 하나의 일에서도 기준이 달라지는 것이 사람이다. 그러니 지금 상황에서 내가 옳다고 생각하는 기준이 타인에게도 옳은 기준일 것이라고 착각하지 않길 바란다. 삶에 정답이란 있을 수 없고, 기준은 항상 상대적이다. 나와 다름을 인정하는 순간, 대화의 폭은 무한히 넓어진다.

Episode

<u>엄마,</u>
<u>차라리 잔소리를 해!</u>

어느 주말 오후, 오랜만에 아들 녀석과 드라이브를 나왔다. 공기는 쌀쌀하지만, 햇볕은 따사롭게 내리쬐는 기분 좋은 오후였다. 아들이 선곡한 음악을 들으며 도란도란 이야기하다 보니, 아들의 얼굴이 눈에 가득 들어왔다.

엄마만 바라보던 똘망했던 눈이 언제 저렇게 다부지고 빛나는 눈으로 성장했는지, 조잘조잘 이야기하던 초콜릿 묻었던 작은 입이 언제 저렇게 성장해 엄마도 모르는 지식을 쏟아내고 있는 건지. 모르는 사이에 훌쩍 커버린 아들이 대견하기도 미안하기도 한 감정이 복합적으로 밀려왔다.

늘 일하느라 바빠서 제대로 챙겨 주지도 못한 것 같은데, 그만큼 알아서 본인의 삶을 책임 있게 살고 있는 아들이 참으로 고마웠다. 그리고 한편, 엄마가 바쁜 만큼 엄마의 속도에 맞춰 주길 바랐던 나의 이기심이 참 미안하다는 생각이 들었다.

가슴을 설레게 한 쌀쌀한 공기 탓인지, 한꺼번에 몰려든 복합적인 감정에 나는 아들에게 고백을 시작했다.

나 : 아들!

아들 : 응? 왜?

나 : 고마워!

아들 : 뭐가?

나 : 엄마가 늘 바빠서 제대로 챙겨 주지도 못했는데, 이만큼 바르게 자라줘서
    정말 고마워.

아들 : 에이 뭘.

대화가 여기서 끝났으면 참 좋았을 텐데. 엄마의 고질병이 돋았다. 칭찬을 했으니 필요한 잔소리도 해야만 할 것 같은 이 의무감은 도대체 무엇인지.

나 : 근데 아들.

아들 : 응?

나 : 지금까지 바르게 자라준 건 정말 고마운데, 공부도 조금 더 열심히 해주면
    참 좋겠다. 엄마가 잔소리 안 하게 말이야.

아들 : 엄마, 차라리 처음부터 잔소리를 해.

나 : 아, 미안.

아들에게 한방 크게 먹은 햇살 좋은 오후였다. 칭찬은 칭찬으로 끝
냈어야 하는데, 아직도 많이 모자란 엄마인가보다.

Chapter 4

대화의 신호탄,
인사는 밝고 명랑하게

부모님은 내게 어릴 적부터 인사를 참 많이 강조하셨다. 길거리에서 이웃 어른들을 만나면 반드시 인사해야 한다고 가르쳐주셨고, 그렇게 인사하는 나에게 칭찬을 아끼지 않으셨다. 덕분에 동네 어른들은 몇 번을 만나도 똑같이 인사한다며 더 예뻐해주셨다.

나는 누군가를 처음 만나는 자리에서 먼저 인사하길 주저하지 않는다. 인사의 긍정적인 효과를 어려서부터 경험했기 때문이다. 먼저 건네는 인사에는 반가움과 그 사람에 대한 존중이 들어있다. 그래서 상대방은 마음의 경계심을 풀게 된다. 무엇보다 밝은 첫인사는 그 사람에게 나의 첫인상으로 강하게 자리잡는다.

인사는 대화의 시작을 알리는 첫 신호탄이자 관계의 첫 이미지를 결정하는 중요한 요소다. 운동선수들이 시합에서 큰 기합 소리로 기선을 제압하듯, 크고 밝은 첫인사는 상대방과의 대화에서 기분 좋게 기선을 제압할 수 있다.

사람들은 상대방에게 관심이 높을 때 먼저 인사를 건넨다. 그래서 먼저 반갑게 인사를 건네주는 사람과의 대화에 마음이 열릴 수밖에 없다. 그러니 절대 인사의 주도권을 뺏기지 말기 바란다.

밝은 인사는 함께 있는 공간의 분위기와 말하는 사람의 성격을 변화시킨다. 영국에 매우 내성적이고 소극적인 한 소년이 있었다. 그런 성격 탓에 그는 사람 만나는 것을 극도로 꺼렸다. 소년은 이래서는 안 되겠다 싶어, 자신을 바꾸고자 한 가지를 실천하기로 다짐했다. 바로 동네 사람들에게 먼저 인사하기였다.

소년은 주민들을 마주칠 때마다 반갑게 인사했다. 사람들은 그런 소년을 차츰 좋아하기 시작했다. 그러자 소년의 성격도 변하기 시작하면서 사람 만나는 걸 즐기게 되었다. 이 소년이 바로 극작가이자 웅변가로 명성을 날린 조지 버나드 쇼다.

인사를 먼저 건네는 사람들에게는 자신감과 함께 상대를 향한 관심과 긍정의 기운이 묻어난다. 조지 버나드 쇼가 자신의 성격을 바꾸기 위해 인사하기를 실천한 것은 현명한 선택이었다. 그는 '먼저 인사하기'를 실천하면서 처음에는 어색하고 부끄러웠을 것이다. 하지만 먼저 인사를 건넸을 때 상대방으로부터 되돌아오는 호의적인 반응의 경험이, 그를 자신감 넘치고 긍정적인 사람으로 성장시켰다.

미국 서던 메소디스트 대학의 다니엘 하워드는 먼저 인사했을 때와 하지 않았을 때, 상대의 반응에 대한 재미있는 실험을 진행했다. 모르는 사람에게 쿠키를 팔아보기로 한 것이다.

그는 먼저 인사하면서 친밀감을 형성한 후 "쿠키를 팔고 싶은데 자택을 방문해도 될까요?"라고 부탁했다. 그러자 25%의 사람들이 그의 제안에 응했다. 하지만 인사하지 않고 부탁했을 때는 단 10%의 사람만 응했다. 다니엘 하워드는 먼저 밝게 인사함으로써 마음의 장벽을 허물 수 있다는 것을, 재미있는 실험으로 증명했다.

성공한 사업가인 A는 출근하면 가장 먼저 큰 소리로 직원들을 향해 인사한다. 그것은 낯선 사람을 만날 때도, 사업상 누군가를 만날 때도 마찬가지다. 그는 먼저 나서서 가장 밝게, 가장 크게 인사하려고 애쓴다. 그렇게 인사함으로써 상대의 마음의 경계를 허물고, 즐겁고 밝은 에너지를 전달한다.

밝은 인사와 잡담으로 직원들에게 가까이 다가가는 것, 그래서 그들이 가지고 있는 어려움이나 현재 상황을 대화를 통해 캐치해내고 해결해주려 하는 것, 그것이 사업장을 즐겁고 탄탄한 곳으로 운영하는 그의 노하우다.

사람의 인상은 3초 만에 결정된다고 한다. 이는 심리학에서 나온 현상으로써 처음 제시된 정보 또는 인상이 나중에 제시된 정보보다 기억에 더 큰 영향을 끼치는 현상이다. 이와 관련한 실험으로, 미국 스탠퍼드 대학의 낼리니 앰버디 교수는 처음 보는 학생과 교사에게 서로 커뮤니케이션을 하게 했다. 3초, 5초, 10초, 그리고 몇 분 동안 이런 식으로 점차 시간을 늘려 가면서, 같은 상대방과 여러 차례 대화하게 했다.

그런 다음 학생들에게 교사에 대한 인상을 확인했다. 그랬더니 3초 후의 인상, 5초 후의 인상, 그리고 그후로는 시간이 지나더라도 인상이 달라지지 않았다. 즉 처음 3초 만에 상대방의 인상이 결정됐다는 뜻이다.

그러니 인사만 잘해도 이미 절반은 성공한 셈이다. 특히 상대방과의 관계가 처음일수록 첫 3초 동안에 인사하게 되는 경우가 많다. 그러니 인사만 잘해도 상대방은 당신에게 좋은 감정을 가지고, 당신은 그 대화에서 좋은 출발점에 설 수 있다.

나는 동네 서점에 새로운 교재들을 탐색하러 종종 방문한다. 습관적으로 서점에 들어설 때도 사장님께 먼저 큰 소리로 인사한다. 어느 날 서점 사장님이 항상 볼 때마다 기분이 좋다며, 어느 학원을 운영하고 있는지 간단히 인사를 나눴다. 그 이후에도 서점에 방문할 때마다 큰 소리로 인사하며 들어섰다.

그러던 어느 날 한 학부모님께 전화가 왔다. 그러더니 "원장님, 우리 원장님 좋은 건 세상 사람들이 다 아나 봐요. 서점에 들러서 학원 교재를 사려고 했더니 어느 학원이냐고 묻더라고요. ○○학원이라고 했더니 서점 사장님이 입에 침이 마르게 원장님 칭찬을 하시네요. 역시 우리 원장님이셔!"

나는 이 서점 사장님을 잘 모른다. 그저 인사만 열심히 했을 뿐인데 이렇게 좋은 평판이 되어서 돌아오다니, 이 정도면 인사할 만하지 않은가.

인사도 특별히 잘하는 방법이 있을까? 특별한 방법론적인 것은 없다. 인사를 건네는 사람의 밝은 마음을 전달하면 된다. 밝은 마음을 전달하는 방법은 의외로 아주 간단한다.

첫째, 평소보다 높은 목소리 톤으로 인사한다. 상대방에게 밝은 인상을 주고 싶다면 평소보다 약간 높은 톤의 목소리를 내야 한다. 서비스 업종에서 '솔' 톤을 강조하는 것도 같은 이유다. 음정을 정확히 '솔'로 맞출 필요는 없다. 그 정도의 적당히 높은 톤이면 된다.

둘째, 웃는 얼굴은 기본 중의 기본이다. 적당히 높은 톤의 목소리를 내려면 얼굴은 자연히 웃는 상이 된다. 얼굴에 웃음기가 사라질수록 목소리 톤도 낮아진다고 생각하면 된다. 지금 함께 "안녕하세요." 라고 웃으면서 말해보자. 그리고 무표정으로 같은 인사를 해보자. 어떤가. 내 얼굴에 웃음이 번질수록 목소리도 같이 밝아지는 게 느껴지는가?

셋째, 인사는 반드시 먼저 해야 한다. 먼저 인사하는 것은 목소리 톤과 웃는 얼굴 이상으로 중요하다. 먼저 인사하기만 해도 상대방이 좋은 인상을 갖게 된다는 것은 앞서 이야기했다. 먼저 인사하는 것은 상대방에 대한 관심의 표현이며, 상대방의 존재를 인정하는 행위다. 그렇기에 인사를 받는 상대방도 나에게 관심을 갖게 된다.

기억하자. 먼저 인사하면 심리적인 주도권과 대화의 주도권을 함께 가지게 된다는 것을.

첫 만남부터
왠지 끌리는 사람

첫 만남부터 왠지 끌리는 사람이 있다. 첫 모습부터 느낌이 좋은 사람, 처음 만났는데도 자꾸 이야기하고 싶은 사람, 이후에도 계속 인연을 이어 가고 싶은 사람이 있다. 내가 누군가에게 그런 사람이길 원하지 않는가?

누군가와 만날 때 3초 만에 상대에 대한 호감도가 정해진다. 이를 초두 효과라고 한다. 이는 심리학 용어로, 처음 제시된 정보가 나중에 제시된 정보보다 기억에 더 큰 영향을 끼친다는 것이다. 즉 처음에 입력된 정보가 긍정적이면 나중에 입력된 정보도 긍정적으로 받아들이고, 반대로 처음에 입력된 정보가 부정적이면 나중에 입력된 정보도 부정적으로 받아들인다.

 초두 현상이 중요한 이유는 바로 첫인상 때문이다. 처음 만날 때 받은 느낌으로 그 사람을 대하는 태도가 결정된다. 솔로몬 애쉬는 초두 현상을 알아내기 위해 다음과 같은 실험을 진행했다. 실험 참가자들에게 A와 B 두 사람에 대한 정보를 나눠줬다.

> A : 똑똑하다, 근면하다, 충동적이다, 비판적이다, 고집스럽다, 질투심이 많다.
>
> B : 질투심이 많다, 고집스럽다, 비판적이다, 충동적이다, 근면하다, 똑똑하다.

그런 다음 실험 참가자들에게 A와 B에 대한 느낌을 물었다. 그러자 참가자들은 B보다는 A에게 호감을 나타냈다. 똑같은 단어고 순서만 바꿨을 뿐인데, 참가자들이 느끼는 호감도가 달랐다. 그만큼 처음에 주어진 정보가 그 사람에 대한 인상을 결정짓는 데 중요한 역할을 한다. 이 실험은 첫인상이 그 사람을 판단하는 데에, 큰 영향을 끼친다는 사실을 말하고 있다.

누군가를 판단하는 데 있어 시각적인 요소는 매우 중요한 역할을 한다. 미국 캘리포니아 UCLA 대학 심리학과 교수인 앨버트 메라비언은 "메시지를 전달할 때 목소리는 38%, 표정은 35%, 태도는 20%

를 차지하고, 말하는 내용은 겨우 7%에 불과하다."라고 했다.

이것을 '메라비언의 법칙'이라고 한다. 대화에서 표정과 태도의 시각적 요소가 무려 55%나 차지한다는 것이다. 언어의 내용은 그다지 중요하지 않다는 이론이다.

첫인상을 위해 가장 중요한 것이 미소다. 예쁘지 않더라도 활짝 웃으면 상대방은 미남, 미녀를 볼 때와 같은 뇌 부분이 활성화된다. 여기서 강조하고 싶은 점은 밝은 표정과 미소다.

첫 만남에 밝게 웃으며 인사를 건네는 사람과 긴장한 표정으로 무뚝뚝하게 인사를 건네는 사람 중 어떤 사람에게 눈길이 가는가? 밝게 웃는 사람 주변으로는 빛이 비추는 것 같은 환한 느낌을 준다.

어떤 만남이든 먼저, 크게 미소를 짓자. 사람을 소개받는 자리에서는 긍정적인 인상을 심어 줄 것이고, 협상의 자리에서는 상대방의 마음을 더 수월하게 열 수 있을 것이다.

메라비언의 법칙에서 가장 큰 비중을 차지하는 부분은 바로 '목소리'다. 기분 좋은 목소리는 좋은 첫인상을 준다.

미국 올브라이트 대학과 볼티모어 대학 공동 연구팀은 목소리와 호감도에 관해 실험했다. 남성 20명과 여성 25명으로 구성된 참가자들에게 각각 이성 3명의 사진을 보여줬다. 그리고 이들과 전화 통화를 한 후 이들에 대한 느낌을 '매력적임', '평범', '매력 없음'으로 평가하게 했다.

그 결과 사진 속 외모는 중요하지 않았다. 전화기 속 목소리가 좋은 사람의 평가가 높았다. 외모보다는 매력 있는 목소리가 상대방에게 더 호감을 준다는 실험이었다.

나의 경우도 강사 면접을 볼 때 전화상으로 그 사람의 목소리부터 확인한다. 학부모들이 처음 만나게 되는 것은 강사들의 목소리기 때문에 목소리 면접은 그 무엇보다 중요하다.

목소리는 많은 정보들을 준다. 먼저 이 사람의 평소 텐션을 알 수 있게 해준다. 즉 평소에 열정과 행복을 안고 사는 사람인지, 깊은 패배감과 우울함에 사로잡힌 사람인지는 목소리로 어느 정도 구분된다. 또한 목소리는 이 사람의 평소 매너도 판단하게 해준다. 평소의 매너가 목소리에 묻어난다.

전화 면접은 철저하게 블라인드로 이루어지기 때문에, 어떠한 시각적인 판단 없이 귀로만 사람을 판단할 수 있게 해준다. 하지만 생각보다 전화 면접에서 방심하는 강사들이 많다. 목소리가 첫인상에 끼치는 영향을 모르기 때문일 것이다.

자, 지금부터 "안녕하세요. 좋은 아침입니다."를 함께 말해보자. 먼저 미소를 가득 담아 말해보자. 그리고 미소를 배제하고 말해보자. 미소를 가득 담아 인사하게 되면 같은 인사도 톤이 더 밝아진다. 반면 미소를 배제한 인사는 목소리 톤부터가 다운된다. 즉 목소리와 미소는 짝꿍이라는 것을 강조하고 싶다. 목소리가 좋은 사람은 표정도 좋을 수밖에 없다. 좋은 목소리를 내기 위해서는 표정도 함께 밝아야 한다.

그렇기에 우리의 뇌도 시각이 차단된 상태에서 목소리가 좋은 사람에게 호감을 느끼는 것이다. 아마도 목소리에 맞는 표정을 상상하게 되는 것이 아닐까.

다시 한 번 강조하지만, 첫 만남에서 호감을 주는 사람의 중요한 특징은 목소리와 미소 두 가지다. 그리고 나머지 한 가지 특징이 남아 있다. 그것은 바로 '공통점 찾기'다. 낯선 사람과의 대화에서 공통점을 찾음으로써 상대방에게 친근감을 줄 수 있다.

〈나쁜 예〉

A : 최근에 미국 여행을 다녀왔어요.

B : 외국 여행을 왜 가나 모르겠어요. 한국에도 갈 곳이 얼마나 많은데 말이에요.

〈좋은 예〉

A : 최근에 미국 여행을 다녀왔어요.

B : 저는 아직 못 가봤어요. 하지만 언젠가 해외여행을 간다면, 미국에 꼭 가보고 싶어요.

좋은 예에서 B는 A와 현재의 공통 관심사는 아니지만, 언젠가는 관심사가 같아질 수 있다는 메시지를 주고 있다. 앞선 나쁜 예에서는 더 이상 대화가 진행되기는 힘들 것이다. 아마 A는 불쾌함을 느낄지도 모른다.

하지만 좋은 예에서는 언젠가 같아질 관심사에 대해서 공통점을 찾아 이야기가 진행될 것이다. A는 B에게 미국 여행에 대해 전달해주며 행복함을 느끼지 않을까.

〈나쁜 예〉

A : 저는 이 회사가 정말 싫어요. 열심히 일하면 뭐해요. 결국 돈은 사장이 버는데 말이에요.

B : 아직 다른 회사를 다녀보지 않아서 잘 모르시는 것 같은데, 이만한 회사 없어요.

〈좋은 예〉

A : 저는 이 회사가 정말 싫어요. 열심히 일하면 뭐해요. 결국 돈은 사장이 버는데 말이에요.

B : 저도 그런 생각이 들 때가 있어요. 그래도 회사가 있어서 저도 돈을 벌 수 있으니 감사해요.

좋은 예의 B가 '나도 그럴 때가 있다'고 말하는 순간, 화자들은 같은 편이 되었다. 공통점 확인은 인간관계에서 접착제가 될 수 있다. 판단은 잠시 접어 두고 서로의 공통점을 찾아내자.

호감 가는 목소리, 미소, 공통점을 찾는 대화, 이 세 가지를 명심하자. 이 세 가지면 당신도 누군가에게 첫인상으로 호감을 주는 사람이 될 수 있다. 누군가를 처음 만나는 자리에서 이왕 하는 첫 대화라면 먼저 크게 웃고, 조금 더 밝게 목소리 내고, 공통점을 찾아보려고 노력해보자.

운은 밝은 에너지를 따라 움직인다. 당신이 내뿜는 밝은 에너지에 좋은 운들이, 좋은 사람과 함께 굴러올 것이다.

선 넘는 무례한 사람, 현명하게 대처하는 방법

　우리 주변에는 상식을 벗어나 이해할 수 없는 생떼로 주위를 힘들게 하는 사람들이 있다. 바로 진상 고객이다. '진상'이라고 하면 직원에게 막 대하는 고객, 말도 안 되는 서비스를 요구하면서 뻔뻔하게 구는 철면피, 꼴불견 등을 이르는 의미로 사용된다.

　이런 고객과 대화하다 보면 피가 거꾸로 솟는 상황들이 펼쳐지기도 한다. 일상에서 진상을 만난다면 그냥 무시하면 된다. 그러나 영업장이라면, 내 사업 혹은 내 일과 관련한 진상이라면 그냥 무턱대고 무시할 수 없다. 진상도 고객이기 때문이다.

고객 : 커피가 이상해요.

당신 : 네?

고객 : 커피에서 이상한 냄새가 나요.

당신 : 이상한 냄새요?

고객 : 안 느껴져요?

당신 : 죄송합니다. 다시 드릴게요.

고객 : 됐고. 환불해주든지, 사장 나오라고 그래!

이런 사람은 아무리 합리적인 이유를 설명해줘도 소용없다. 심지어 자기를 진상 취급하느냐며 화를 낸다. 이런 진상 고객을 만났을 땐 다음의 세 가지를 기억하자.

첫째, 감정의 선을 긋자. 진상 고객은 본인의 부정적인 감정을 타인에게 던져 버린다. 그렇게 부정적인 감정의 쓰레기를 던져 버리고 본인은 가벼워진다. 감정의 쓰레기를 내가 떠안을 필요는 없다. 진상 고객을 대할 때는 감정의 선을 분명히 그어야 한다. 그가 얼마나 비아냥거리고, 화를 내고, 피해자 코스프레하든 상관없다.

그 사람의 부정적인 감정은 온전히 그 사람 몫이다. 그리고 나의 마음도 온전히 나의 것이다. 그와 나는 실상 별개다. 진상 고객이 분노를 표출하는 것은 절대 내 탓이 아니다. 그 상황이 내 탓이 아님을 인지하고, 감정을 철저히 분리해야 한다. 그래야 객관적인 눈으로 상황이 보인다.

둘째, 3분 법칙을 활용하자. 진상 고객과 나의 감정을 분리했다면 이제 3분 법칙을 활용해보자. 잠깐 감정을 환기할 수 있는 시간을 마련해주는 것이다. 만약 장소를 옮길 수 있다면 그렇게 해도 좋다. 이때 장소를 옮기는 이유는 화난 이유를 정중히 들어주겠다는 적극적인 행동으로 보여야 한다. 장소를 옮기지 않더라도 고객에게 충분히 들어주겠다는 자세로 3분을 줘야 한다.

그리고 그가 분노를 표출하는 최소 3분 동안은 억울하더라도 그저 공감해주자. 변명하지 않는 자세가 중요하다. 이때는 "그랬군요. 충분히 화나셨을 것 같습니다. 많이 불편하셨죠."와 같은 맞장구로 3분만 그의 감정을 인정해주자. 불같았던 감정을 고요하게 만들어야, 비로소 그다음 대화가 가능하다.

서울 5성급 호텔의 한 책임자는 이런 3분 법칙을 적극적으로 활용한다. 그는 고객의 목소리가 높아지면 고객을 정중하게 다른 방으로 자리를 옮긴다. 고객이 심리적인 안정을 찾을 수 있도록 일단 환경을 바꿔 주는 것이다. 그리고 여기에 3분 법칙을 적용한다. 최소 3분 이상 고객의 요구 사항과 불만 사항을 들어준다. 평범해 보이지만 의외로 효과는 크다. 그리고 고객의 호소가 끝나면, 그제야 고객과 대화를 시작한다.

셋째, 차분한 목소리로 응대한다. 차분한 목소리로 응대해야 하는 두 가지 이유가 있다.

① 진상 고객이 내 목소리를 듣고 안정을 찾기 때문이다. 감정은 서로를 닮아 가게 되어 있다. 분노하던 고객도 상대의 안정된 목소리에 점차 흥분을 가라앉히게 된다. ② 차분한 목소리로 응대하려고 노력하는 것이 나의 감정 조절에 도움이 되기 때문이다. 차분한 목소리로 응대하려면 내 마음도 차분함을 유지해야 한다. 마음은 격앙되어 있는데 목소리가 차분하게 나올 수 없다. 내 감정이 차분해야 고객의 기분에 덩달아 휘말리지 않는다.

이렇게 세 가지 단계를 거쳐 진상 고객을 진정시켰다면, 이제 대화로 풀어내야 한다. 진상 고객도 어쨌든 고객이다. 고객이기에 그들의 불만을 들어줘야 한다. 하지만 생떼를 부린다고, 목소리가 크니까, 대화가 통하지 않는다고 다 들어줄 수는 없다.

이때는 분명히 나의 입장도 전달해야 한다. 하지만 이때 잘못하면, 겨우 잠잠해진 진상 고객의 감정을 다시 폭발시킬 수 있다. 그렇기에 현명해야 한다. 이때 현명하게 내 입장을 잘 전달할 수 있는 마법 같은 단어 두 가지를 소개한다.

첫 번째 마법의 단어는 '아시다시피'다. '아시다시피'라는 단어에는 "내가 하려는 이야기는 당신이 이미 잘 알고 있는 내용이다."라는 의미를 담고 있다. 상대를 인정하고 존중하는 단어다. 모든 사람은 타인으로부터 인정받고 싶어 한다. 그러한 심리 덕분에 '아시다시피'라는 단어가 마법의 단어가 된다.

일단 진상 고객은 존중받은 느낌으로 이야기를 듣기 시작한다. 그리고 '아시다시피'를 듣는 순간 그들은 뭔가를 아는 사람이 되었기 때문에, 몰라도 아는 척하고 싶어진다. 무턱대고 생떼를 부릴 수 없는 입장이 되는 것이다.

A : 사은품 하나 더 주는 게 뭐 그렇게 어려워요?

B : 고객님도 잘 아시다시피, 회사에서 나오는 물량이 정해져 있어서요.

A : 아, 뭐 그거야 나도 잘 알죠.

B : 수량이 맞지 않으면 저희가 물어내야 합니다. 양해 부탁드려요.

A : 어쩔 수 없죠, 뭐.

A : 도대체 보고서 언제 가져올 거야? 능력이 안 돼?

B : 팀장님도 잘 아시다시피 지금 처리해야 할 사항들이 너무 많습니다. 저번에 팀장님이 급하게 맡기신 다른 업무를 마무리하는 게 우선이라서요.

A : 그래, 내가 그걸 모르는 건 아니야. 고생하는 거 다 알아.

B : 보고서는 내일 오전까지 꼭 제출하겠습니다.

A : 그래. 마저 고생해줘.

두 번째 마법의 단어는 '설마'다. '설마'라는 단어에는 '그럴 리는 없 겠지만'이라는 의미를 담고 있다. 즉 "지금 내가 느낀 부정적인 감정 이 당신이 의도했던 바는 아닐 거야."라는 뉘앙스를 준다. 그리고 당 신의 말과 행동이 무례하다는 것을 간접적으로 알려 줘, 스스로를 돌 아보게 한다.

이 단어를 들은 상대방은 자신의 부정적인 관점을 전환하게 된다. 상대방을 뜨끔하게 만든다. 콕 집어 그 행동이 무례했음을 알려 주기 에는 이만한 단어가 없다.

이때 중요한 건 '설마' 다음에 나만의 긍정적인 해석을 덧붙이는 것 이다. 그래야 상대의 무례함을 알려 줌과 동시에 상황을 긍정적으로 풀어낼 수 있다.

A : 당신 대체 엄마 맞냐? 애가 뭐 하고 다니는지 확인은 안 해봐?

B : 당신 설마 워킹맘인 나한테 육아의 책임을 다 떠넘기는 건 아닐 테 고, 당신도 속상해서 하는 말이지?

A : 당신도 바쁘다는 걸 내가 모르는 건 아닌데…….

SNS에 얼마 전 유명한 영상 하나가 돌았다. 커피숍에서 일하는 한 아르바이트생이 술에 취한 진상 고객을 퇴치하는 영상이었다.

고객 : 야! 뭐가 이렇게 늦어. 빨리 빨리 빨리 좀!

알바 : 네, 네. 빨리 빨리 빨리.

고객 : 아 씨발, 빨리 달라고.

알바 : OK, 빨리 빨리.

고객 : (웃음 터짐) 빨리 줘.

알바 : 알겠어요, 지금 나갑니다. 근데 고객님 왜 자꾸 반말하고 욕하세
요. 저도 아, 씨발 짜증 나네. 이러면 기분 좋아요? 아니죠? 욕하지
마세요.

고객 : 하하하, 알았어요. 알았어!

아르바이트생의 긍정적인 자세에, 보는 이들로 하여금 큰 웃음을
짓게 한다. 아르바이트생은 술 취한 상대에게 적절하게 응대했다.
진상 고객 때문에 아파하거나 상처받지 않고 상황을 현명하게 넘겼
다. 할 말은 다 하되 진상 고객의 감정을 건드리지 않은 재미있는 사
례다.

유머, 대화의 맛을 살리는 천연 조미료

소문난 맛집은 그 집만이 가지고 있는 고유한 음식맛이 있다. 그 집만이 가지고 있는 손맛으로 맛집의 명성을 이어 간다. 오랜 세월을 거치며 경험으로 다져진 솜씨기에, 그 누구도 한순간에 흉내낼 수 없다. 그래서 사람들은 그 집의 손맛을 보기 위해 줄을 선다.

말에도 솜씨가 있다. 말솜씨다. 같은 말도 유독 그 사람이 하면 맛깔나고 재밌다. "얼마나 맛있게요."라는 유행어로 유명한 이혜정 요리연구가는 손맛만큼이나 말솜씨가 참 좋다. 그녀는 말을 참 맛깔나게 한다. 어려웠던 시절을 이야기할 때도, 힘들었던 시절을 이야기할 때도 고명처럼 유머를 적절히 섞어 이야기에 간을 맞춘다. 그뿐만 아니다. 그녀의 말 표현 하나하나에는 정성이 깃들어 있다. 단어 하나하나가 참 맛있다.

"부부는 보리굴비 같아요. 처음에는 굉장히 바짝 말라서 먹을 수 없잖아요. 마른 보리굴비는 아무리 찌고 구워도 빳빳해서 당장 먹을 수 없어요. 그런데 쌀뜨물에 잘 불려 한 번 쪄서 구우면 비로소 맛있는 보리굴비가 되지요. 나이가 들면 부부도 그런 보리굴비 같지 않나 싶어요."

한 방송에서 그녀가 부부에 대해 정의 내린 말이다. 노년의 부부를 잘 숙성된 보리굴비에 비유한 것이 신선했다. 무엇보다 처음엔 빳빳하고 맛이 없는 보리굴비가 점점 부드러워지고 맛있어지는 과정이 눈에 보이는 듯해 참 맛깔스럽다.

"결혼하고 첫날 아침이었어요. 한복을 입고 문안 인사를 하고, 어머니 곁에서 밥그릇에 하얀 쌀밥을 담는 것을 도와드리고 있었어요. 첫 번째 그릇은 아버님 꺼, 두 번째 그릇은 어머님 꺼, 세 번째 그릇은 남편 꺼, 그리고 네 번째 그릇은 어머님이 밥을 아주 조금 담으시더라고요. 제 껀 줄 알고 손을 이렇게 내미는데 어머님이 '이건 네 시누이 꺼' 이러셔요. 그러고는 그다음 나무 주걱에 다글다글 붙은 쌀밥을 밥그릇에 쓱 긁어서 싹 밀어서 담으시더니, '이건 네 꺼다' 이러셔요. 얼마나 서러워요. 그렇게 사흘을 반복하다가 도저히 안 되겠다 싶어서, 그날은 어머님이 밥주걱을 또 밥그릇에 스윽 밀어 담으시길래 '어머니, 저 이렇게 많이 못 먹어요. 저는 조금만 먹을래요. 어머님 많이 드세요.' 하고 밥그릇을 어머님 거랑 쏙 바꿨어요."

분명히 힘들었을 그 시절에 대한 이야기인데, 그녀의 화법은 그럼에도 청자를 우울하게 만들지를 않는다. 나무 밥주걱에 다글다글 붙어 있었을 밥알이 그려지고, 밥그릇 가장자리에 주걱을 쏙 밀었을 시어머니가 떠오르고, 마지막에 밥그릇을 바꿨을 때 시어머니의 황당한 표정이 떠오른다. 포복절도할 유머를 구사한 것은 아니지만, 이야기 곳곳에 그녀만의 유머러스함과 긍정이 가득 담긴 양념들이 잘 묻어나 있다.

그녀의 말은 '생동감 있는 단어'라는 조미료와 '적절한 유머'라는 간이 잘 배어 있는 기분 좋은 화법이다. 그러니 그렇게 맛깔날 수밖에 없다. 유머는 사람의 마음을 부드럽게 한다. 완고하게 흐트러뜨리지 않던 상대의 어깨 힘을 빼는 효과가 있다. 비로소 상대는 한껏 이쪽의 말에 귀기울일 마음이 생긴다.

이런 유머러스한 화법은 억지로 만들어내려고 하면 오히려 부작용을 만든다. 과한 유머를 위해 상대를 깎아내리는 유머를 구사하는 사람도 종종 있기 때문이다. 말솜씨와 순발력 있는 재치로 유명한 탁재훈은 내가 아주 좋아하는 연예인이다. 상대방의 말에 툭툭 양념을 치는 듯한 그의 농담은 보는 내내 피식 웃게 만든다. 그런데 한 번씩 그의 과한 농담이 다소 불편할 때가 있다. 가수 이상민의 빚에 대한 치부를 자꾸 건드리는 농담을 건넬 때다. 모두가 웃고 넘어가긴 하지만 시청자 입장에서 자꾸 마음이 불편하다.

내 남편은 투박한 말투로 마음을 한 번씩 아프게 하지만, 또한 적재적소에 유머러스한 단어 구사로 나를 웃기는 참 미워할 수 없는 사람이다. 한가로운 휴일 오후 침대에 누워 핸드폰 삼매경에 빠져 있던 남편에게, 나는 의미 없는 질문을 툭 던졌다.

> 나 : 자기야, 이 드라마 봤어? 여주인공 진짜 너무 예쁘지?
> 남편 : 응.
> 나 : 자기야, 얘가 예뻐 내가 예뻐?
> 남편 : 왜 또 시빈데.

만약 남편이 이날, 여주인공이 예쁘다고 했으면 부부싸움이 났을 것이고, 내가 예쁘다고 했으면 나는 분명 "말에 영혼이 없다."고 남편을 타박했을 것이다. 이때 남편이 떠올린 말이 바로 "왜 또 시빈데."였다. 나는 정말 유쾌하게 웃을 수밖에 없었다. 과하지 않은 생활 속의 유머러스함은 관계를 이어 가는 데 필수 요소다.

또 하나의 사례를 소개한다. 온 가족이 모였던 어느 날 여동생이 명언을 한다는 게 그만 실수하고 말았다.

여동생 : 정승처럼 벌어서 개처럼 쓰라고 그러잖아.

나 : 응? 개처럼 벌어서 정승처럼 쓰는 거 아니고? 정승처럼 벌면 어느
세월에 돈 벌어?

제부 : 하하하, 우리 소은이는 지금 그렇게 살고 있거든요. 자기 말에 아
주 실천을 잘하는 친구입니다.

온 가족을 유쾌하게 만들었던 제부의 센스 있는 대답이었다. 이 이
야기는 몇 년이 지난 지금도 회자되며 우리 가족을 웃게 만든다.

이처럼 과하지 않은, 공감을 얻을 수 있는 유머는 멀리서 찾지 않아
도 된다. 가장 좋은 유머는 자신의 경험에서 비롯된다. 내가 경험했
던 어떤 재미있던 상황을 함께 공유해보는 것부터 시작해보자. 경험
을 나누는 순간들이 많아질수록, 유머러스함은 더 빛을 발한다.

《긍정의 힘》을 쓴 조엘 오스틴 목사는 "우리의 혀에는 불가사의한
힘이 있다. 우리가 말을 바꾸면 세상이 바뀐다."라고 했다. 내가 말하
는 방식을 바꾸면 내 주위로 좋은 사람들이 몰려들 것이다. 내가 말
을 바꾸면 나의 세상이 바뀐다.

유머도 말하기와 마찬가지로 기술이다. 유머를 자연스럽게 몸에
붙게 하는 몇 가지 훈련법을 소개하면 이렇다.

첫째, 유머는 준비다. 언제나 유머를 준비하는 습관을 갖는다. 재
미있는 이야기는 항상 메모해두고, 다른 사람들에게 들은 유머를 각

색해 자신만의 독특한 유머로 만든다.

둘째, 사고를 전환한다. 물구나무서서 세상을 바라보는 것과 같은 사고의 전환이 유머를 낳는다. 상황을 바꾸어보거나 예상 밖의 결론을 끄집어내기도 하고 이야기의 선후를 거꾸로 조합해본다.

셋째, 관습을 무시한다. 언제나 말하던 방식대로, 행동하는 방식대로만 한다면 유머는 나올 수 없다. 유머는 상황의 일탈이다. 갑자기 말투를 바꾸거나 표현을 과장한다. 과장된 표현은 웃음을 낳기 마련이다. 또한 잘 연출된 의도적 실수가 웃음을 만들어낸다.

넷째, 웃는 얼굴로 생각한다. 사람을 즐겁게 하고자 하는 마음을 갖는 사람은 스스로도 즐거운 법이다. 항상 생활을 즐겁게 받아들이고 생각이나 상상조차 웃는 얼굴로 하게 되면, 유머 감각은 자연스럽게 생긴다.

함께하고 싶은
유머러스한 사람

　제2차 세계대전 중 나치 독일은 유럽 대륙을 석권하고 도버해협을 건너 영국을 함락시키기 위해 모든 전력을 기울이고 있었다. 고독하게 항전을 감행하고 있던 영국의 수상 처칠은 미국을 방문해 의회에서, 그토록 어려운 상황을 조금도 드러내 보이지 않는 유머로 연설했다.

　"만약 나의 아버지가 미국인이고 어머니가 영국인이라면실제는 그와 반대다 틀림없이 나는 이곳 의석 하나를 차지하고 있었을 겁니다. 그것은 매우 매혹적인 상상이긴 하지만, 만약 정말 그렇다면 여기 이렇게 여러분들 앞에 초대되는 일도 없었을 테지요. 이렇게 모든 사람이 만장일치로 저를 환영해주시지도 않았을 거고요. 그래서 저는 역시 영국인이라는 사실에 만족하고 있습니다."

이 대정치가 입에서 영국의 어려운 상황이 토로되고 당시 불간섭주의적 입장을 견지하고 있던 미국의 협력을 촉구하는 연설이 나오리라 예상하고 있던 미국 의회는, 처칠의 이 유머러스한 연설이 시작되자마자 그만 웃음바다가 되고 말았다. 결국 처칠의 유머 하나가 미국인의 마음을 움직여 '무기 대여법'을 통과시켰고 고립되어 있던 영국을 구하게 되었다.

어떤 사람은 함께 대화를 나누고 나면 마음이 무거워진다. 시종일관 진지한 대화와 무거운 주제들로 힘이 쭉 빠지고, 대화를 마치고 나면 왠지 기분이 좋지 않다. 반면 어떤 사람과의 대화는 웃음이 가득해서 행복 에너지가 충만해지는 느낌일 때가 있다.

유머러스한 사람은 즐거운 이야기를 많이 할 줄 알고, 재미있는 농담을 많이 알고 있는 사람이 아니다. 이들은 일단 긍정적이다. 긍정의 에너지가 몸을 감싸고 있어서 이들과 함께하면 부정적인 그림자가 따라올 새가 없다.

그리고 이들의 유머는 자신의 경험을 기반으로 한다. 그래서 이들은 생활 속에서 유머를 구사하기 위해 늘 무언가를 관찰하고, 기억하고, 사람들과 그 경험을 나눌 준비를 하고 있다.

함께 머물고 싶은, 함께 대화하고 싶은, 자주 만나고 싶은 유머러스한 사람이 되기 위해 먼저 본인을 긍정의 에너지로 가득 채울 것을 권한다. 그러기 위해 먼저 많이 웃고, 큰 소리로 웃고, 재미있는 것을 자꾸 찾아보기를 바란다.

나와 7살 차이가 나는 동생은 나이 차이만큼이나 삶의 리듬 또한 차이가 난다. 하지만 유머 하나로는 공감대가 참 잘 형성된다. 서로 떨어져 있지만, 인터넷을 검색하다가 혹은 SNS를 하다가 재미있는 글귀나 영상을 발견하면 공유하고 반응을 살핀다. 이런 일련의 노력들이 누군가와 대화할 때 유머로 발현되는 경우가 많다.

다음에 만났을 때 '어떤 이야기로 웃기지?' 하는 욕심에 재미있는 일화들을 일부러 기억하려고 애쓰기도 한다. 이런 노력은 비단 동생과의 대화에서뿐만 아니라 다른 사람과의 대화에서도 자연스럽게 묻어나오게 된다.

요즘은 충청도 화법에 대한 유머가 많이 돌아다닌다. 보고 있으면 피식 웃음이 번진다.

"여름에 아버지께 복숭아를 깎아드리는데, 껍질이 두껍게 느껴지셨는지 '아이고야, 니는 씨 먹을라고 그케 열심히 깎는겨?' 하심."

"저번에 충청도 갔다가 과속 많은 구간의 현수막을 봤는데, '그렇게 급하면 어제 오지 그랬슈?'라고 붙어 있는 거 보고 충청도 온 거 실감함."

"운전 연수해주신 아저씨가 충청도 분이었는데, 내가 방지턱에서

엑셀을 밟고 넘어가니까, '이럴 거면 비행기를 타지 왜 차를 타유'라고 하심."

"어릴 때 축구하다가 정강이뼈에 금이 갔는데 저녁에 아빠가 보시더니, '공부 너무 열심히 하지 말아. 머리뼈에 금 가면 어쩌?'라고 하심."

컬투쇼에 나오는 사연들도 만만치 않게 재미를 준다.

(군대 가서 집에 전화를 걸었습니다. 오랜 시간에 걸쳐 순서가 되어 집에 전화를 걸었는데, 할머니가 전화를 받으셨습니다)

할머니 : 여보세요.

주인공 : 할머니, 저 철수에요. 철수!

할머니 : 뭐라고?

주인공 : 철수라고요. 철수!

할머니 : 뭐라는겨?

주인공 : 저, 철수라고요. 철수!

할머니 : 아, 철수! 우리 철수 군대 갔어. (뚜뚜뚜)

(병원에 갔습니다. 들어가자마자 나이도 그렇게 많아 보이지 않는 의사 선생님이 다짜고짜 반말을 하십니다)

의사 : 왜 왔어? 어디가 아파서 왔어?

(이렇게 반말을 시전하시는 겁니다. 그래서 저도 반말을 했습니다)

주인공 : 배가 아파서.

의사 : (당황하며) 아, 배가 아팠군요. 일단 검사를 해볼게요.

(격식 있는 대화가 이어지던 중 마음이 놓였는지, 의사 선생님이 다시 반말을 하십니다)

의사 : 검사는 금요일에 할 거야. 아님 내가 시간이 없어.

주인공 : 상관없어.

시시껄렁한 이런 이야기들을 굳이 왜 찾아봐야 하느냐고? **첫 번째는 나를 즐겁고 밝게 하기 위해서다.** 내가 즐겁고 밝아야 타인에게 긍정의 에너지를 줄 수 있다. **두 번째는 이렇게 쌓인 재미있는 에피소드들이 어느 날 적재적소에 필요한 멘트로 나오기 때문이다.** 그 멘트 한마디가 촌철살인처럼 누군가의 가슴을 시원하게 웃겨 줄 수 있다.

런천 테크닉,
음식이 설득의 무기

누군가에게 어려운 부탁을 하거나, 하기 힘든 말을 꺼내야 할 때 어떻게 말을 시작해야 할지 고민했던 적이 있을 것이다. 그럴 때 식사나 차를 함께 곁들여보길 추천한다. 말을 시작하는 입장에서도, 그 말을 받아들이는 입장에서도 훨씬 편안한 느낌이 든다.

맛있는 음식을 함께 나누다 보면 상대방에 대한 호감이 자연스럽게 높아진다. 이런 효과를 기대하며 상대방으로 하여금 긍정적인 반응을 유발한다는 이론을 가리켜 런천 테크닉Luncheon technique이라고 한다.

런천 테크닉은 일과 관계를 좀 더 부드럽고 가능성 있게 열어주는 효과를 준다. **먹는 행동은 쾌락과 만족감을 느끼게 하는데, 우리는 이것을 공유할 수 있는 상대방에게 호감을 느낀다. 그래서 식사 중에는 거절하기 어려운 심리가 작용하는 것이다.** 정치 협상 관계 등에 '오찬'이나 '식사'가 빠지지 않는 이유다.

얼마 전 우리 학원에 모범적이던 한 남학생이 부모님께는 학원에 있다고 거짓말하고 감쪽같이 사라져 버린 사건이 있었다. 평소에 열심히 공부만 하던 학생이라, 부모님과 나는 많이 놀랐다. 부모님은 아이의 생각을 도무지 알 수 없다며, 내게 아이의 생각을 물어봐주길 원하셨다.

나는 이 아이와 어떻게 이야기를 풀어내야 할지 많이 고민했다. 어른들 입장에서는 어린아이와의 대화쯤으로 치부할 수 있겠지만, 아이들 입장에서는 그들의 생각과 세상도 꽤 진지하기 때문이다. 다음 날 혼이 날까 봐 긴장하며 들어온 아이에게 나는 대뜸 "ㅇㅇ아, 우리 오늘 공부하지 말고, 선생님이랑 맛있는 음료수 먹으로 카페 가자." 라며 아이를 데리고 나왔다. 아이는 꽤 놀란 듯했다. 혼날 줄 알았는데 카페라니, 어안이 벙벙한 듯했다.

나 : ㅇㅇ아, 오늘은 공부하지 않아도 좋아. 우리 둘이 땡땡이치는 거야.

학생 : 네?

나 : 오늘 우리 ㅇㅇ이가 제일 좋아하는 음료가 뭔지 한 번 알아보자. 뭐

먹을래?

학생 : 저는 크러쉬퐁이요. 바나나로요.

(음료가 주문된 후)

나 : 맛있게 먹어.

학생 : (음료를 들이킨 후, 아이의 표정은 한결 밝아졌다)

나 : ㅇㅇ아, 선생님이 걱정돼서 그러는데, 혹시 요새 고민이 있어?

학생 : 사실은요…….

청소년을 대상으로 하는 심리 상담소의 한 소장님은 청소년들에게 인기가 많았다. 항상 청소년들이 화기애애한 분위기 속에서 즐겁게 상담을 나눴다. 그 비결은 상담소의 탁자 위 간식이었다. 탁자 위에는 다양한 간식이 늘 푸짐하게 갖춰져 있었다. 그는 이렇게 말했다.

"대단한 거 없어요. 저는 청소년들이 부담감 없이 이곳을 찾아오도록 노력해요. 그런 노력 중 하나가 먹을거리를 준비하는 거죠. 음식을 먹으면서 대화하면 예민한 학생들도 차츰 긴장을 풀게 됩니다."

거창한 오찬이 아니어도 좋다. 함께 간단한 주전부리만 공유해도 같은 효과를 낼 수 있다. 간단한 주전부리는 상대의 긴장을 누그러뜨리고 대화의 포문을 여는 데 중요한 역할을 한다. 마케팅에서 간담회를 진행할 때, 간단한 주전부리를 준비하는 것도 같은 이유다.

러시아계 미국인 심리학자 그레고리 라즈란은 음식이 설득에 미치는 영향에 관해 실험했다. 대학생들을 두 그룹으로 나누어 몇 가지 정치적 견해를 들려줬다. 이때 한 그룹에는 음식을 제공하고 다른 한 그룹에는 아무것도 제공하지 않았다. 그 결과 음식을 제공받은 그룹의 학생들이 라즈란의 말을 더 호의적으로 들었다.

또 하나의 사례로 미국 예일 대학의 심리학자 어빙 재니스는 대학생들에게 약간의 먹을거리를 제공하며 설득했을 때와 제공하지 않고 설득했을 때 얼마나 차이가 나는지 조사했다. 실험 결과, 과자를 제공했을 때는 설득에 동의하는 학생의 비율이 82%였다. 그런데 과자를 제공하지 않았을 때는 62%에 불과했다. 과자를 제공하는 것만으로 '그렇다'라고 말하는 학생의 비율이 20% 올라간 것이다.

오찬 효과, 즉 음식을 활용하여 설득을 강화하는 것은 사회적 상호작용에서 흔히 볼 수 있는 전략 중 하나다. 이를 통해 사람들은 좋은 인상을 받고 긍정적인 경험을 할 가능성이 높아진다. 이런 전략은 비즈니스 관계에서뿐만 아니라 일상생활에도 많이 스며들어 있다. 마트에서 제품이나 서비스를 판매하는 경우, 시식 이벤트나 샘플 제공을 통해 잠재 고객들에게 제품의 호감도와 신뢰도를 높이는 경우도 오찬 효과에 해당한다.

또한 자선 모금 행사에서의 만찬 및 간식도 오찬 효과를 잘 활용한 예다. 자선 단체나 비영리 기관의 자선 모금 행사에서는 만찬이나 간식을 제공하여 긍정적인 분위기를 조성한다. 이는 기부와 참여율을 높일 수 있는 요소가 된다.

이러한 예시들은 음식을 설득의 수단으로 활용하는 방법을 보여준다. 중요한 점은 음식을 제공함으로써 긍정적인 감정을 유발하고, 사람들 간의 관계를 더욱 강화시킬 수 있다는 것이다. 이것이 비즈니즈 관계에서는 설득의 무기가 된다.

상대방이 당신의 식사 초대에 응하기만 해도 목적을 절반 이상 달성한 것이나 다름없다. 상대방에게 밥이나 차를 대접할 때는 직접 요리를 해주는 것도 좋다. 혹은 좋아할 만한 식당에서 대접해도 좋다. 만약 사무실에서 협상한다면 과자나 과일 같은 간단한 먹을거리를 준비해 상대에게 호감도를 높여 주는 것도 방법이다.

똑똑, 잡담으로
마음의 빗장 열기

국어사전에 잡담은 '쓸데없이 지껄이는 말'로 정의되어 있다. 쓸데없고 의미 없는 작은 대화기에 부담 없이 건넬 수 있다. 부담 없기에 경계심을 허물고 대화를 시작한다. 아주 작은 구멍이 둑을 무너뜨리듯이, 소소한 잡담이 마음의 경계를 무너뜨린다.

A : 학원을 옮기시는 이유가 있으세요?

B : 그냥, 영어를 좀 힘들어해서요.

A : 저희 아들이 5학년이거든요. 딱 그맘때 사춘기가 한 차례 지나가던데, 현성이는 어때요?

B : 어머, 맞아요! 너무 힘들어요.

A : 저도 작년에는 너무 힘들었는데, 시간이 지나니 언제 그랬냐는 듯 듬직해지네요.

B : 그래요? 일단 돌아온다는 거죠? (마음의 문이 열린다)

A : 그럼요. 근데 또 사춘기 그분이 2차로 오시겠죠?

B : 하하하! 사실은 저희 아들이 공부를 너무 싫어해요. 도와주세요, 선생님.

학원 원장인 A는 신규생 상담 시에 학부모와의 공감 포인트를 찾는 일부터 시작한다. 학원 탐방을 나선 학부모들의 마음은 경직되어 있다. 객관적으로 분석하고 비교하여 최상의 선택을 해야 하기에 신경이 곤두서 있다.

이때 학부모들과 나누는 첫 대화는 매우 중요하다. 가벼운 이야기로 꽁꽁 언 마음의 경계를 먼저 허물어야 한다. 그러고 나면 학부모들은 아이에게 부족한 부분이 무엇인지, 학원에 바라는 부분이 무엇인지를 편하게 말한다.

이렇게 학부모들의 니즈를 제대로 파악해야 목적에 부합하는 상담이 진행될 수 있다. 제대로 된 니즈 파악 없이 진행되는 상담은 학부모 마음에 어떤 감동도 줄 수 없다.

미국의 한 대형 은행 콜센터에서 '잡담의 효과'를 연구했다. 이 은행 콜센터는 팀마다 성과 차이가 나는 부분에 대해 궁금증을 가지기 시작했다. 연구 끝에 찾아낸 차이점은 바로 잡담, '스몰토크'였다.

대부분의 콜센터 팀은 순번제로 일하기 때문에 서로 대화할 시간이 없었다. 반면 성과가 좋은 팀은 틈틈이 짬을 내어 사소한 일상과 업무 노하우를 나누고 있었다. 그리고 고객으로 인해 상처받았던 마음까지 서로 위로해주고 있었다. 이러한 결과를 알게 된 미국의 대형 은행은 '스몰토크' 시간을 늘렸다. 그 결과 콜센터 직원들의 업무 성과는 눈에 띄게 증대되었다.

잡담은 특히 아이디어를 내야 하는 회의에서 더욱 진가를 발휘한다. 쓸데없는 대화 같지만 잡담은 경직되어 있는 회의의 분위기를 편하게 만들어준다. 그리고 편한 분위기에서 진주 같은 아이디어가 탄생한다.

팀장 : 다들 모였나요? 회의 시작하겠습니다. 직원 : ……. 팀장 : 이번 주 실적이 왜 이렇죠? 직원 : ……. 팀장 : 실적을 증대시키기 위한 방안을 이야기해보죠. 누가 이야기할래요? 직원 : …….	팀장 : 주말 잘 보냈나요? 직원 : 네. 팀장 : 이번 주말에 애들이랑 놀이공원을 다녀왔더니 몸살이 오네요. 직원 : 하하하, 모처럼 육아 모드에 전념하셨네요. 팀장 : 일하는 게 더 쉬운 것 같아요. 직원 : 맞아요. 공감합니다. 팀장 : 그런 의미에서 즐거운 마음으로 실적 증대 방안을 논의해볼까요?

한 대형 광고회사의 카피라이터 팀장은 회의 시간에 잡담만 하다가 끝내기가 일쑤라고 한다. 그리고 그런 시간들이 주옥같은 문구들을 창조해준다고 한다.

표의 대화에서 보여주는 잡담의 차이가 느껴지는가? 어색하고 무거운 분위기에서는 좋은 아이디어가 나올 수 없다. 가벼운 잡담으로 분위기를 풀고, 마음의 빗장을 열어야 편하게 의견을 교류할 수 있다. 잡담은 재미있는 이야기가 아니어도 좋다. 일상의 이야기들이면 충분하다.

요즘 학생들 사이에서 '긱블'이라는 유튜브 채널이 유명하다. 이 유튜브 채널은 포항공과 대학 컴퓨터 공학과 출신 대표가 만든 것으로, 공학 관련 영상을 업로드하고 있다. 이들은 "저희는 쓸모없는 작품만 만듭니다. 쓸모 있는 물건은 이마트에서 찾으시는 게 좋습니다."라는 슬로건을 내세우고, 정말 쓸데없는 물건들을 만들어서 업로드하고 있다.

앉은 채로 머리를 감겨 주는 기계, 누운 채로 학교로 이동시켜 주는 침대, 치킨 발사기, 와이퍼 안경 등 이들의 아이디어는 정말 기상천외하다. 이들의 회의는 일정한 형식이 없다. 그저 약속한 시간에 모여 방향성 없는 잡담을 나누는 것이 전부다. 그러다가 호기심이 생기는 주제가 나타나면 발명품 제작으로 일사천리 진행된다.

그러나 잡담에는 주의할 점이 있다.

첫째, 잡담도 품격이 있어야 한다. 상대방에게 웃음을 유발한다고 해서 다 잡담은 아니다. 잡담은 누가 들어도 불쾌하지 않아야 하고, 이질감이 없어야 한다. 수준 이하의 농담이나 유머는 상대방의 마음을 닫게 만들고, 오히려 눈살을 찌푸리게 한다.

다음은 TV 프로그램 〈불후의 명곡〉에 출연했던 마마무와 조영남 씨의 대화다.

조영남 : 마마무? 엄마가 없다는 뜻이에요?

신동엽 : (당황하며) 하하하, 그게 무슨 말씀이세요?

조영남 : 마마감자, 마마배추, 마마무!

마마무 : 아, 그건 아이가 처음 하는 옹알이를 뜻해요.

위의 유머가 편안한 웃음을 유발하는가? 오히려 조마조마하고 불쾌하다. 조영남 씨의 본심은 악의가 없다. 그저 분위기를 띄우기 위한 잡담이지만, 그것이 자꾸 물의를 일으키기에 시청자로서 마음이 안타깝다.

잡담할 때도 반드시 품격을 지켜야 한다. 상대방의 인격을 지켜 주는 잡담이, 곧 나의 인격을 대변하는 것이다.

둘째, 자기 자랑은 신중히 해야 한다.

A : 아니 글쎄 나는 가만히 있는데, 그렇게 사람들이 나를 추천하네?

B : 그래요? 능력이 있으시니까 그렇겠죠.

A : 그런가? 내가 한 번 일을 시작하면 대충하는 법이 없긴 하지.

B : 네 맞아요.

A : 일을 대충할 수도 없고, 참 피곤하네. 하하하!

B : 네…….

    대다수의 사람은 이런 잡담에서 피곤함을 느낀다. 이 세상에 타인의 자랑을 흥미 있게 들어줄 수 있는 사람은 없다. 내 자랑이 길어질수록 나의 모습은 우스워지고 대화의 품격은 떨어진다. 잡담의 목적은 대화의 포문을 여는 윤활유, 딱 그 정도까지다.

    잡담은 기술을 필요로 하지 않는다. 그저 진심을 담은 관찰과 질문이면 충분하다. 혹은 나의 일상을 녹여낸 소소한 이야기면 된다. 아주 작은 구멍이 커다란 둑을 무너뜨리듯, 사소하고 일상적인 잡담으로 상대방에게 다가가자. 작은 웃음이 만들어내는 대화는 생각보다 나에게 많은 것을 가져다준다.

부동산 소장님의
전화번호 List

얼마 전 지인을 따라 부동산에 들른 적이 있다. 그곳 부동산 소장님은 뭔가 특별한 것이 있었다. 말 한마디를 하더라도 지인의 입장에서 단어를 선별해서 사용하고, 지인의 입장에서 물건을 소개하고 있었다.

'소장님의 대화법이 참 배려가 있구나'라고 생각하던 중, 우연히 내 시선이 소장님의 핸드폰 화면으로 향했다. 시선이 머문 곳에는 소장님의 전화번호 리스트가 있었다.

예쁜 이모 010-000-000

다정한 새댁 010-000-000

248

꼼꼼한 원장님 010-000-000

친절한 삼촌 010-000-000

젠틀한 아버님 010-000-000

유레카! 온종일 사람을 상대해야 하는 소장님이 사람을 관리하는 방법이었다.

전화벨이 울릴 때 '김00씨' 혹은 '00아파트 세입자'가 아닌 '예쁜 이모'라고 이름이 뜬다면 전화를 받는 순간 '예쁜 이모'와 통화하기 위한 '나'로 준비될 수 있을 것 같지 않은가?

'김00씨'와 통화하는 것보다 '젠틀한 아버님'과 통화하는 내 마음이 훨씬 행복하고 친절해질 것 같다. 전화번호 리스트를 통해 부동산 소장님의 사람을 향한 마음가짐을 느낄 수 있었다.

모든 사람의 전화번호를 다 이렇게 저장해놓을 수는 없겠지만, 유독 내가 친절하게 대하고 싶은 사람이 있다면, 혹은 자꾸만 미운 마음이 드는 누군가가 있다면 일부러 예쁜 이름으로 저장해놓고 그 사람의 전화를 기다려보는 건 어떨까?

Chapter 5

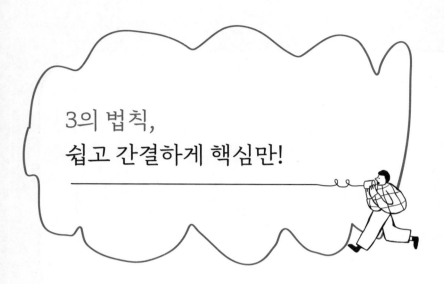

3의 법칙,
쉽고 간결하게 핵심만!

나의 학창 시절에는 추우나 더우나 매주 월요일에 조례를 했다. 전교생이 운동장 가득 줄을 서서 교장 선생님의 훈화 말씀을 들었다. 훈화 말씀은 늘 끝날 듯 끝나지 않았다. 교장 선생님은 "마지막으로, 요약하건대, 다시 한 번 더 강조하지만……." 곧 끝날 듯 말 듯 길게 이어졌다. 뜨거운 뙤약볕에 쓰러지는 친구들도 있었다.

누군가에게 나의 생각을 온전히 전달한다는 것은 생각보다 어려운 일이다. 내가 이야기하는 동안 상대방의 머릿속에 그려지고 있는 생각을 잡을 길이 없다. 그래서 말할 때는 전략이 필요하다. 그 전략 중 하나가 바로 숫자 '3'이다.

말할 때는 메시지를 세 가지로 정리해서 전달하면 효과적이다. 스티브 잡스와 같은 유명한 연설가들은 이 3의 법칙을 잘 사용한다. 스티브 잡스는 2005년 스탠퍼드 대학 졸업식 축하 연설에서도 이 법칙을 사용했다.

그의 연설은 이렇게 시작한다.

"오늘 저는 여러분에게 내 인생에서 일어났던 세 가지 이야기를 하고 싶습니다. 별로 대단한 이야기는 아닙니다. 딱 세 가지입니다."

스티브 잡스는 이야기의 전체 구조가 세 개로 구성되어 있다는 것을 청중에게 알렸다. 덕분에 청중은 숫자 3에 집중해서 편안하게 연설을 들을 수 있었다.

그렇다면 왜 하필 수많은 숫자 중 3일까? 인지과학의 대가 아트 마크먼 텍사스주립 대학 교수는 그의 저서 《스마트 싱킹》에서, 사람이 어떤 정보를 듣고 그것을 다시 기억해낼 수 있는 적정 단위가 딱 세 개라고 주장한다. **사람이 아무리 많은 내용을 들어도 기억에 남는 것은 단 세 개밖에 없다는 것이다. 바로 이것이 '3의 법칙'을 꼭 기억해야 하는 이유다.**

이야기하는 목적은 그 내용을 상대에게 전달하고자 하는 것이다. 그런데 전달한 내용이 기억에 남지 않는다면 무슨 소용이 있겠는가. 상대가 기억할 수 있도록 이야기의 주제를 세 가지로 정리해서 말하는 연습이 필요하다.

스티브 잡스가 아이패드 2를 처음 선보일 때 청중의 마음을 사로잡은 것도 딱 세 마디였다.

"더 작고, 더 가볍고, 더 빨라졌다."

이뿐만 아니다. 그는 아이팟 나노를 소개할 때는 "아이팟 나노는 2호 연필보다 얇습니다. 아이팟 나노는 아이팟 오리지널보다 80% 작습니다. 아이팟 나노는 아이리버보다 68% 작습니다."라고 소개했다. 다른 장점들을 구구절절 이어 가기보다는 '작다'라는 메시지를 세 가지로 간추려 간결하고 강렬하게 보여줬다.

제품을 자랑하고 싶은 입장에서 제품의 장점이 딱 세 가지뿐이었겠는가? 자랑하고 싶고 알리고 싶은 기능들이 넘쳐났을 것이다. 하지만 스티브 잡스는 딱 세 가지만 핵심 메시지로 전달했다. 과감하게 덜어내고 핵심만 전달했기에 청중의 머릿속에 분명히 각인되었다.

워런 버핏은 투자 철학을 간단한 원칙으로 전달한다. 그는 '비즈니스에 대한 세 가지 원칙'에 대해 다음과 같이 주장했다.

"첫 번째, 좋은 비즈니스를 찾으세요. 두 번째, 그 비즈니스에 투자하세요. 세 번째, 오랫동안 보유하세요."

워런 버핏은 투자의 핵심으로 세 가지 원칙을 지킬 것을 당부한다. 이러한 간결하고도 핵심적인 메시지 전달은 투자자들에게 신뢰를 준다. 그리고 투자자의 머릿속에 명확하게 기억된다.

대부분의 기업이 제품을 홍보할 때 많은 말을 늘어놓는다. 개인과 개인 간의 영업도 마찬가지다. 많은 말들로 좋은 점들을 홍보하고 설명한다. 그런데 막상 고객의 마음을 움직이는 것은 기억에 남는 짧은 메시지다.

TV 광고를 떠올려 보자. 제품의 기능을 줄줄이 설명하는 광고가 눈에 들어오는가? 아니면 임팩트 있는 짧은 광고가 눈에 들어오는가? 다음은 세계적으로 성공을 거둔 광고 카피다. 이 또한 단 세 마디로 구성되어 있다. 세 마디로 고객의 마음을 사로잡았다.

일단 한번 해봐Just do it : 나이키

불가능, 그것은 아무것도 아니다Impossible is nothing : 아디다스

챔피언의 아침Breakfast of champions : 위티스

다이아몬드는 영원하다Diamonds are forever : 드비어스

우리는 열심히 노력합니다We try harder : 에이비스

대통령 연설에서도 세 마디는 막강한 힘을 발휘했다. 1992년 미국의 42대 대통령 선거 때다.

"문제는 경제야, 바보야It's economy, stupid."

민주당 빌 클린턴 후보가 선거 구호로 내세운 이 세 마디가 전 국민의 마음을 사로잡았다. 이 짧은 문장이 극심한 불경기로 힘들어하던 미국인들의 마음을 움직였다. 이뿐만 아니다. 오바마는 초선 대통령

선거운동 당시 캐치프레이즈로 "예스, 우리는 할 수 있다Yes, we can."를 내세웠다. 단어 세 개로만 이뤄진 이 문장은 오바마의 긍정적 마인드를 잘 떠올리게 했다. 그리고 그를 승리로 이끌었다.

이처럼 숫자 3은 간결하면서도 설득력 있는 주장을 만들어준다. 그리고 청자가 쉽게 기억할 수 있게 해준다.

숫자 3과 관련한 재미있는 실험이 하나 있다. 한 사람이 횡단보도 한가운데 서서 하늘을 쳐다본다. 이때는 그 어느 누구도 이 사람을 신경쓰지 않는다. 이번에는 두 사람이 횡단보도에서 하늘을 쳐다본다. 몇몇 사람들이 두 사람을 힐끗 쳐다보기도 하지만 대부분은 이들을 무시한다. 하지만 세 사람이 하늘을 쳐다보자 놀라운 일이 벌어진다. 횡단보도를 지나던 사람들이 우르르 몰려들어 하늘을 쳐다보기 시작한 것이다.

이는 3명 이상이 같은 행동을 했을 때, 다른 사람이 그 행동에 동조하는 현상을 밝혀낸 실험이다. 이전까지는 변화가 없었던 상황이 숫자가 3이 되는 순간 변화하는 모습들을 담아냈다. 즉 숫자 3은 청중을 사로잡고 마음을 변화시키는 특별한 힘이 있다.

숫자 3은 청자에게도 유익하지만, 화자에게도 유익하다. 3을 사용했을 때 청자는 화자의 내용을 쉽게 이해할 수 있다. 또한 이야기의 핵심이 단 세 가지여서 기억하기도 쉽다. 화자는 핵심을 세 가지로 정리하면서 이야기의 구조를 탄탄하게 만들 수 있다. 또한 핵심을 세 가지로 정해놓고 그 안에서 세부 내용을 전달하기 때문에, 이야기의 설득력이 높아진다.

일상생활에서 숫자 3을 반드시 기억하자. 내 이야기의 전달력이 달라질 것이다.

오늘 회의 주제는 세 가지입니다.

내가 당신에게 하고 싶은 말은 세 가지입니다.

고객님, 이 제품을 반드시 사용하셔야 하는 세 가지 이유가 있습니다.

새로 변화하는 정책에서 숙지해야 할 내용은 세 가지입니다.

효과적인 상담을 위해 세 가지만 기억하십시오.

화두로 위의 주제를 던졌을 때 청자의 집중도는 달라진다. 세 가지를 마음속으로 세어 가며 이야기에 집중하게 된다.

그러니 '3의 법칙'을 반드시 기억하고, 연습하고, 사용해보도록 하자.

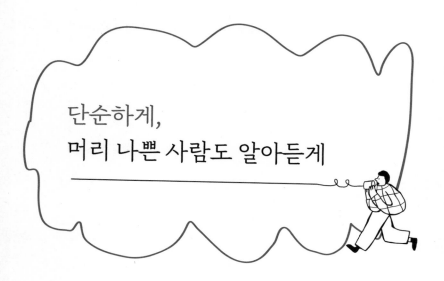

단순하게,
머리 나쁜 사람도 알아듣게

상대방이 이해하기 쉽게 무언가를 설명한다는 것은 생각보다 어려운 일이다. 내가 아는 것을 설명하는 것은 쉽다. 그러나 상대방이 이해하기 쉽게 설명하는 것은 또 다른 문제다. 상대방의 입장에서 생각해야 귀에 쏙쏙 들어가는 설명이 가능하다. 상대방에겐 낯설 수 있는 전문 용어도 쉽게 풀어야 한다. 이해하기 힘들 수 있는 상황들은 마음에 와닿는 예시로 이해시켜야 한다.

다음은 개그 콘서트의 한 장면이다. 남자는 여자에게 몇 차례 뺨을 맞은 뒤다.

감독 : 자, 감정을 넣어서 다시 한 번 갈게요. 레디고!

남자 : 우리 헤어지자.

여자 : 뭐라고? 나한테 어떻게 이럴 수 있어? (남자의 **뺨**을 때린다)

(뺨을 맞고 난 뒤)

감독 : 컷! 다시!

남자 : 잠깐만요! 이제 그만, 나 진짜 아파요. 얼마나 아픈지 모르겠지
요? 얼마큼 아프냐면, 새 차를 사서 자랑하려고 문 앞에 딱 서서
손을 짚고 있는데, 그때 열린 문을 누가 쾅 닫아! 그리고 내 손이
차 문에 껴! 그때 내 손이 '왕, 왕, 왕' 하는 그 아픔. 딱 그만큼 아프
다고요!

감독 : (본인의 손이 다친 것처럼 인상을 쓰며) 그만큼이나 아팠구나. 이 씬
은 그만 찍읍시다.

자세하고 이해하기 쉬운 묘사 덕분에 마치 내 손이 아픈 느낌이다.
위와 같이 생동감 있는 자세한 묘사는 와닿는 아픔이 생생하게 느껴
진다.

상대가 들었을 때 이해하기 힘든 게 숫자와 관련된 것들이다. 숫자
로만 자료를 제시했을 때 크기나 정도를 가늠하기 힘든 경우가 많다.
이럴 때는 숫자로만 정보를 제시하기보다는 상대가 이해하기 쉬운
기준을 함께 제시해보자.

예를 들면 10m 높이를 아파트 3층 높이라고 이야기하거나, 1kg 미만의 강아지를 한 손에 쏙 들어오는 사이즈라고 설명하는 것이다.

〈꼬리에 꼬리를 무는 이야기〉라는 TV 프로그램에서 히로시마 핵 폭발 사건에 대해 이야기한 적이 있다. 히로시마 핵폭발이 있기 전, 인류의 첫 핵실험이 어떻게 발발했는지, 그리고 그 첫 실험에서 피해 가 어느 정도였는지 설명하는 장면이다.

"1945년 7월 16일 인류의 첫 핵실험! 폭탄이 터진 자리에 초대형 구멍이 생겼는데 깊이만 7.5m, 지름이 무려 360m다."

청자의 머릿속에는 어느 정도 크기인지 한 번에 잘 그려지지 않는 다. 그 즉시 화자는 다시 말을 이어 간다.

"축구장 세 개가 들어갈 크기다."

드디어 머릿속에 명확한 그림이 그려졌다. 숫자로 된 정보를 이해 하기 쉬운 기준으로 설명하는 것이 중요한 이유다.

위대한 연설가들의 공통적인 화법은 소위 'KISS Keep It Simple, Stupid **법 칙'이다. 아무리 머리가 나쁜 사람이라도 알아들을 수 있도록 쉽고 간 단하게 말하라는 것이다.** 오히려 쉽고 단순한 표현들이 더욱 많은 사 람의 귀를 열게 하고 마음을 움직일 수 있다. 화술의 고전이라 불리 는 래리 킹의 《대화의 법칙》에는 이 KISS 법칙이 어떻게 일상 화법에 적용되는지 언급하고 있다.

"모든 일상의 일에도 KISS 법칙은 적용된다. 있는 그대로 꾸밈없이 쉽고 단순한 게 좋다. 너무 꾸미거나 어렵고 복잡하면 감동은커녕 오히려 역효과를 내기 쉽다."

그러면 어떻게 해야 상대방이 알기 쉬운 대화가 될까?

첫째, 쉽게 설명하려면 먼저 화자가 그 내용을 제대로 이해해야 한다. 본인도 제대로 이해하지 못한 내용은 중구난방 어려운 설명이 될 수밖에 없다. 그 대표적인 예로, 학습의 가장 좋은 방법은 학생들이 선생님의 입장이 되어 설명해보도록 하는 것이다.

말로 무언가를 쉽게 설명하기 위해선 그 내용을 정확히 알아야 가능하다. 머릿속으로만 이해하는 것과 말로 설명하는 것은 이해의 정도가 확실히 다르다. 초등학생에게 은행의 예대마진에 대해 설명한다고 가정해보자. 어디서부터 설명할 것이며, 어떤 용어를 선택해야 할지 머릿속에서 다시 정리해야 한다.

둘째, 문장이 길지 않아야 한다. 청각에 의한 정보는 한 번에 이해할 수 있는 단위가 짧다. 시각적 정보를 담은 정보와는 달라야 한다. 그러므로 내용이 장황하면 안 된다. 한 문장에 많은 수식어와 미사여구를 넣어서 꾸며 말하면 청자는 핵심을 놓치게 된다. 그보다는 짧은 문장으로 여러 번 나누어 전달하는 것이 훨씬 효과적이다.

"크리스마스 캐럴이라는 소설은 누구나가 꼭 읽어야만 하는 세계 문학인데, 욕심 많은 짠돌이 구두쇠 스크루지 영감이 어느 날 밤 꿈속에서 유령과 함께 과거, 현재, 미래를 여행하며 교훈을 얻게 되는 아주 감동적인 이야기야."

이 내용을 귀로 들었다면 어땠을까? 다음과 비교해보자.

"크리스마스 캐럴이라는 세계문학이 있어. 그 소설의 주인공은 욕심 많은 구두쇠 영감 스크루지야. 그가 어느 날 밤 유령과 함께 과거, 현재, 미래를 여행하게 돼. 그리고 그 여행에서 큰 깨달음을 얻고, 새 삶을 살게 되는 내용이야."

어떤 내용이 귀에 쏙쏙 박히는가?

셋째, 신조어나 줄임말을 가급적 쓰지 않는다. 요새는 줄임말이 보편적으로 사용되는 시대인 듯하다. 하지만 줄임말은 그것을 공유하는 세대가 아니면 이해하기 어렵다. 이야기의 흐름상 줄임말이나 신조어를 사용해야 하는 경우도 있다. 그럴 땐 그 단어가 무슨 뜻인지 자세하게 풀어서 설명해야 한다.

"지금부터 1분간 반모 시간을 갖겠습니다. 반말 모드는 딱 1분입니다. 시간을 잘 지켜 주세요."

"요즘은 얼죽아가 대세죠? 얼어 죽어도 아이스 아메리카노! 저도 얼죽아에 한 표입니다."

얼마든지 자연스럽게 설명히 가능하다. 이해하지 못한 단 1인을 위해서 설명에 친절해져야 한다.

넷째, 숫자 표현은 이해하기 쉬운 기준을 함께 곁들어 준다. 숫자로만 표현된 설명은 애매하고 난해하다. 얼마나 큰 건지, 얼마나 많은 건지, 얼마나 작은 건지 한 번에 와닿지 않는다. 그래서 상대가 이해하기 쉬운 기준을 함께 곁들여 주는 것이 좋다.

"그날의 폭발로 자동차가 10m 상공 위로 솟구쳤어."보다는 "그날의 폭발로 자동차가 10m 상공 위, 아파트 3층 높이 위로 솟구쳤어."가 훨씬 와닿을 것이다.

다섯째, 영어나 전문 용어는 꼭 필요한 경우만 사용한다. 특히 전문 용어는 해당 분야를 다룰 때 꼭 필요할 때만 최소한으로 사용해야 한다. 그렇지 않고 유식한 척 어려운 용어를 사용하면 상대는 불편함을 느낀다.

우리 동네에서 인기가 자자한 소아과 선생님이 있다. 이 선생님은 인기가 하늘을 찔러서 항상 대기가 만석이다. 이 선생님은 늘 엄마의 입장에서 알기 쉽게 아이의 현재 상태를 설명해준다. 어려운 의학 용어도 엄마가 이해할 수 있는 말들로 풀어서 설명해준다. 그러니 답답한 엄마들의 입장에서 귀에 쏙쏙 박히게 설명해주는 이 선생님이 최고의 명의다. 이 선생님이 다른 병원으로 갔을 때도 엄마들이 수소문해서 찾아다닐 수밖에 없었던 이유다.

엄마 : 선생님, 우리 아이가 왜 자꾸 넘어지는 거죠?

선생님 : 공주 잠깐만 서볼까? 보세요, 어머니. 뒤꿈치와 발목이 안쪽으로 휘는 게 보이세요?

엄마 : 네.

선생님 : 이게 흔히들 말하는 평발이라서 그래요.

엄마 : 그럼 이거 어떻게 치료해요?

선생님 : 일단 우리가 가장 편하게 접근할 수 있는 것부터 말씀드릴게요.

학생들 입장에서 명강사는 내 수준에 맞게 설명해주는 강사다. 환자 입장에서 명의는 내 병을 잘 이해할 수 있도록 설명해주는 의사다. 투자자 입장에서 전문가는 내가 투자하려는 종목에 대한 해박한 지식을 쉽게 설명해주는 사람이다.

아무리 좋은 지식도 상대가 받아들이지 못하면 아무 소용이 없다. 지식을 뽐내려 하지 말고, 지식을 전달하려고 애쓰자.

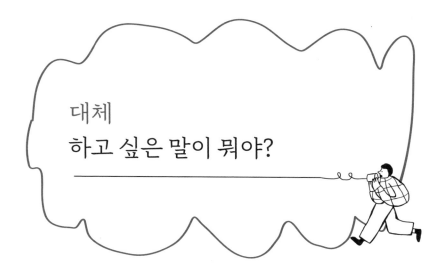

대체
하고 싶은 말이 뭐야?

'용건만 간단히!'

한국 사람에게 어려운 주문이다. 정이 많아서인지, 본론만 이야기 하는 게 예의가 없다고 생각해서인지, 한국 사람들은 결론을 뒤에 이 야기하는 경향이 있다. 특히 통화할 때 그 특성이 잘 드러난다. "어떻 게 지내고 있니." "뭐 하고 있니." 등의 안부 인사가 길다. 그리고 통 화 말미에 "다름 아니라." 하면서 용건을 슬며시 꺼낸다. 더한 경우는 실컷 통화하고 나서 "자세한 내용은 만나서 이야기하자."로 통화를 끝낸다.

업무에서 이런 동료를 만나면 꽤 힘들다. 자질구레한 이야기들을

다 들어줄 여유가 없다. 원하는 바가 무엇인지 먼저 이야기해주면 속
시원할 것 같은데, 핵심이 나오지 않는다.

"과장님, 요새 독감이 정말 유행인 것 같아서 걱정입니다. 과장님
도 업무 때문에 많은 사람을 만나시니 독감 조심하셔야 할 것 같아
요. 어제 저희 아이가 독감에 걸려서 학교도 못 가고 집에 있는데요.
봐줄 사람이 없어서 제가 걱정이 이만저만이 아니에요. 아이가 이럴
때 돌봐줄 수 있는 국가적 시스템이 잘 되어 있으면 좋을 텐데, 이럴
때 워킹맘은 참 힘드네요. 저, 과장님. 혹시 내일 하루만 월차를 써도
될까요?"

위 대화가 어떻게 느껴지는가? 내용을 듣다가 도대체 무슨 말을 하
고 싶은 건지 중간에 말을 끊고 싶을 것 같다. 이럴 땐 "과장님, 저희
아이가 독감에 걸렸는데 봐줄 사람이 마땅치가 않습니다. 내일 하루
만 월차를 써도 될까요? 과장님도 많은 사람을 만나시니 독감 조심하
세요."라고 말하는 게 훨씬 좋다.

말하는 사람도, 듣는 사람도 의도가 명확하게 전달되고 서로의 업
무에 지장을 주지 않는다. 이처럼 좋은 대화는 핵심을 명확히 전달할
줄 알아야 한다.

세계에서 가장 짧고 임팩트 있는 편지가 있다. 빅토르 위고는 본인
의 영혼을 갈아 넣어 집필한 〈레 미제라블〉의 평판이 궁금했다. 그는
출판사에 '?'만 적은 편지를 보냈다. '내 작품의 반응은 어떻습니까?'

를 줄여서 보낸 것이다. 그러자 출판사 사장은 '!'를 답장으로 보냈다고 한다. '아주 좋습니다'를 대신해서 보낸 것이다.

아카데미 홈페이지에는 감독 지망생들이 자신의 작품을 알릴 공간이 마련되어 있다. 이를 '로그라인Log line'이라 한다. 로그라인은 자신의 이야기가 무엇을 말하는지 한 문장으로 요약한 줄거리다. 이는 미국 할리우드 제작자들에게 자신의 시나리오를 소개할 때 활용된다. 수많은 시나리오 중 제작자들의 눈에 띄려면 짧은 문장에 임팩트 있게 스토리를 전달해야 한다. 한 문장으로도 상대의 이목을 집중시킬 힘이 중요하다. 다시 말해, 문장이 길다고 좋은 내용을 전달하는 것은 아니다.

말은 덜어낼수록 완벽해진다. 요즘 젊은 세대는 전화보다는 문자를 선호한다. 퇴직 의사도 문자로 보내는 세대다. 기성세대는 이를 비매너라고 평가한다. 하지만 젊은 세대는 오히려 무턱대고 하는 전화를 비매너로 여긴다.

기성세대는 자세하게 말해야 잘 설명된다고 생각한다. 반면 젊은 세대는 짧은 말일수록 임팩트 있다고 생각해서 벌어지는 현상이다. 젊은 세대는 문자로 핵심만 짧게 전달할 수 있는 사항을, 굳이 전화로 구구절절 이야기할 필요성을 느끼지 못한다. 이들에게 말은 덜어낼수록 완벽하다.

말을 덜어내기 위해서는 한 문장에 하나의 메시지만을 담으려고 노력해야 한다. 말하기에 자신 있는 사람들도 장황한 문장으로 말하는 실수를 종종한다.

하지만 한 문장을 길게 말하다 보면 전달하고자 말의 문법적 오류를 범하기 쉽고, 메시지가 모호해진다. 너무 많은 말을 전달하려다 보니 일어나는 현상이다. 한 문장에는 하나의 메시지만을 담아서 간결하게 핵심만 전달하자.

"수출품의 생산 라인에서 소요되는 비용은 확정적이기 때문에 원가 절감의 여지가 없지만, 마케팅비와 운송비에 소요되는 비용은 절감할 수 있는 여지가 있으며, 향후 수출 제품을 기획하는 단계에서 운송비와 마케팅 비용을 절감할 수 있도록 새로운 방안을 마련하기 위해 각 부서와 긴밀한 협조 체제를 갖추겠습니다."

"수출품의 생산 라인에서 소요되는 비용은 확정적입니다. 그래서 생산 원가 절감의 여지는 없습니다. 하지만 마케팅비와 운송비에 소요되는 비용은 절감할 수 있습니다. 향후 제품을 기획하는 단계에서 이를 절감할 수 있도록 각 부서와 긴밀히 협조하겠습니다."

똑같은 내용이지만 짧게 여러 문장으로 나누면, 그 의미가 잘 전달된다. 이렇게 한 문장 안에 하나의 메시지만을 담아야 한다. 그래야 핵심 의미가 상대방에게 잘 전달된다.

하지만 핵심만 설명하는 일은 어렵고, 자세히 길게 설명하는 일은 쉽다. 프레젠테이션이나 강연을 준비할 때, 준비가 부족할수록 강연

시간을 맞춰서 끝내기가 힘들다. 좋은 강연은 약속된 시간을 단축하면서도 내용을 빠짐없이 전달하는 강연이다.

미국의 독립선언서를 기초한 토머스 제퍼슨은 "**3분 연설하려면 3주를 준비해야 하고, 10분 연설에는 1주일이 필요하며, 1시간 연설은 당장 해도 된다.**"라고 했다. 그만큼 핵심을 간결하게 전달하는 것은 긴 설명보다 어려운 일이다.

보험설계사 A는 평소 말이 군더더기가 없이 핵심만 간단하게 말하는 편이어서, 친절하지 못해 보여 '보험 일을 잘할 수 있을까' 걱정을 많이 샀다. 그러나 걱정과는 달리 그녀는 단기간 높은 실적으로 모두를 놀라게 했다. 그녀가 실적을 올린 비결은 바로 말하는 습관에 있었다. 말하던 습관 그대로 핵심을, 고객들에게 짧고 간단한 메시지로 전달했다.

그녀는 주로 의사, 변호사, 기업인 등 전문직 사람들을 찾아가 보험을 판매했다. 그녀는 그들의 시간을 뺏으면 안 된다고 생각했다. 그래서 보험 내용을 요약하거나 중요한 부분에 포스트잇을 붙여 뒀다. 그리고 '시간 날 때 읽어보세요' 정도만 전달했다. 전략은 적중해서 놀라운 성과로 돌아왔다.

요즘 세대들은 짧은 숏폼Short-form, 평균 15~60초 또는 최대 10분을 넘기지 않는 짧은 동영상으로 제작된 콘텐츠을 보면서도 그 영상을 끝까지 보지 않는다. 본인이 원하는 정보가 아니면 바로 다음 영상으로 옮겨 간다. 이렇게 핵심

중에서도 또 핵심만을 빠르게 습득하는 것이 요즘 세대다.

과연 요즘 세대만 그럴까? 많은 사람이 OTT웨이브, 넷플릭스 등과 같이 영화, TV 방영 프로그램 등의 미디어 콘텐츠를 인터넷으로 소비자에게 제공하는 서비스를 통해 드라마를 볼 때 지루하거나 답답한 장면은 건너뛰면서 본다. 학생들은 길고 자세하게 설명하는 선생님보다는, 짧은 시간에 필요한 핵심을 설명하는 선생님을 선호한다.

핵심만 간단히, 간결하게 전달하는 능력은 요즘 세상에서 더욱 필요하다. 상대방은 핵심을 원한다. 청자가 원하는 그것을 말해주자.

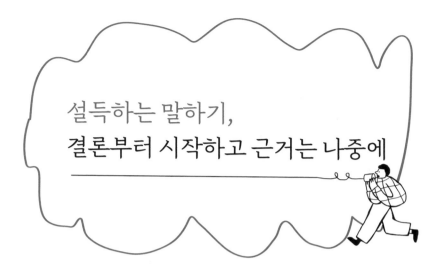

설득하는 말하기,
결론부터 시작하고 근거는 나중에

말할 때는 서론, 본론, 결론이 아니라 결론을 먼저 던지고 그다음 부연 설명을 하려고 노력해야 한다. 우리는 습관적으로 이유를 먼저 늘어놓고 결론을 말하길 즐겨한다. 하지만 결론을 먼저 이야기했을 때 청자의 집중도는 올라간다.

두괄식으로 말하기 위해선 이미 머릿속에 하고자 하는 말이 정돈되어 있어야 한다. 내가 이런저런 이야기를 하면서, 머릿속으로 생각할 시간이 없다. 미리 생각하고, 할 말을 정돈한 뒤, 그 말의 뼈대가 되는 말을 첫마디로 뱉는다. 그다음 부연을 위해 살이 되는 문장들을 덧붙여 설명한다.

특히 업무 상황에서는 더더욱 결론부터 말하는 습관을 들여야 한다. 상사는 내 이야기를 처음부터 끝까지 들어줄 시간적 여유가 없다. 결론부터 듣고 판단하게끔 하자.

A : 팀장님, 잠시 드릴 말씀이 있습니다.

B : 네, 말해보세요.

A : 대리님이 이번 달 말에 출산 휴가를 가잖아요. 그런데 제가 지금까지 대리님께 도움받은 게 많거든요. 제가 업무상 실수할 때마다 다 커버해주시고, 저 때문에 야근도 많이 하시고……

B : 그래서요?

A : 아, 그리고 또, 대리님에게 고마운 사람은 저뿐만이 아니거든요. ○○씨도 과장님도 항상 대리님 칭찬을 많이 하세요.

B : …….

A : 그래서 말인데요. 대리님 출산 선물을 저희 과 차원에서 크게 해주면 어떨까요.

과장님의 인내심이 대단하다. 이럴 때는 "과장님, 대리님 출산 선물과 관련해 의논드리고 싶습니다."라고 결론을 먼저 이야기하는 편이 낫다. 그래야 과장님도 그 사항에 대해 생각하며, 그 근거를 따라갈 수 있다.

"간담회 보고서 건으로 드릴 말씀이 있습니다." "마케팅 회의 결과에 대해 드릴 말씀이 있습니다."라고 결론부터 간결하게 말하는 것은 보고의 기본이다.

'엘리베이터 브리핑'이라는 것이 있다. 엘리베이터에서 상사가 가려는 해당 층까지 가는 동안 짧게 브리핑하는 것을 말한다. 시간에 쫓기는 CEO에게 1분 안에 보고하는 형식이다. 미국 상하의원들의 보좌관은 엘리베이터 브리핑을 자주 한다. 이때 만약 보좌관이 서론이나 근거부터 이야기한다면 어떨까?

이야기의 본론에 들어가기도 전에 엘리베이터 문이 열리고 말 것이다. 엘리베이터 브리핑을 잘하기 위해선 결론부터 이야기해서 CEO의 관심을 끌어야 한다. 흥미로운 결론, 관심이 가는 결론으로 다음 이야기를 할 수 있는 시간을 벌어야 한다.

리더들은 언제나 바쁘다. 수많은 보고를 받기 때문에 모든 보고의 중요도가 같을 수 없다. 그래서 첫마디로 리더의 관심을 끌어야 한다. 상사의 입에서 "그래서 결론이 뭐야." "무슨 말이 하고 싶은 거야."라는 말이 나오면, 그 보고는 물건너갔다고 보는 것이 맞다.

PREP 프로세스를 사용하면 논리적인 보고가 가능해진다. PREP 프로세스는 업무상 보고뿐만 아니라. 거래처와의 미팅, 일상생활에서도 요긴하게 쓰일 수 있다.

PREP는 Point요점**, Reason**이유**, Example**사례**, Point Again**요점 반복**의**

약자다. 하고자 하는 말의 결론, 요점을 먼저 말하고 이유와 사례를 든 뒤 요점을 다시 강조하는 대화법을 말한다. 이렇게 말했을 때 말의 논리성이 커지고, 상대를 설득할 확률이 높아진다.

그 구체적인 방법을 하나씩 살펴보자. Point요점는 보고할 때 가장 유의해야 할 점이다. 결론부터 말하는 방식은 결론 하나로 상대의 관심을 집중시켜야 하므로 신중해야 한다. 따라서 결론을 말할 때는 상대가 듣고 싶은 핵심이 가장 먼저 귀에 들어올 수 있도록 명확하고 간결하게 구성해야 한다.

- 여기에서 가장 중요한 것은 ～입니다.
- 이번 설문 조사의 결과는 ～입니다.
- 이번 고객 컴플레인은 잘 처리되었습니다. 다만 몇 가지 요청 사항이 있었습니다.

Reason이유은 결론을 말한 후, 상대의 반응을 살펴보며 차근차근 이유를 설명하는 것이다. 일단 '결론'으로 상대의 관심을 끌었다면, 근거 있는 이유로 논리의 타당성을 만들어야 한다. 이때 '왜냐하면'으로 근거의 첫마디를 시작하면 된다.

이와 관련한 재미있는 실험이 있다. 하버드 대학 엘렌 랭거 교수는 줄이 길게 늘어선 복사기 앞에서 늦게 온 사람이 앞 사람의 양보를 얻어내는 실험을 진행했다.

A그룹은 "미안합니다. 제가 먼저 복사해도 될까요? 왜냐하면 아주 바쁜 일이 있어서요."라고 말했다. 그러자 94%가 양보했다. B그룹은 "미안합니다. 제가 먼저 복사하면 안 될까요?"라며 이유를 생략했다. 그러자 약 60%가 양보했다. 그런데 C그룹 실험이 재미있었다. C그룹은 "미안합니다. 제가 먼저 복사하면 안 되겠습니까? 왜냐하면 먼저 복사해야 하거든요."라고 논리적으로 맞지 않은 말을 했다. 그런데 놀랍게도 93%가 양보했다.

논리성보다는 이유를 설명하는 '왜냐하면'이라는 용어에 사람들이 반응한다는 실험 결과다.

Example사례은 이유에 대한 명확한 사례를 제시하는 것이다. 어떤 이유에 대해 납득할 만한 연구 결과나 사례들이 있을 때 사람들의 신뢰는 더 올라간다. 따라서 보고할 때는 정확하고 근거 있는 사례를 같이 들어주는 것이 좋다.

이때는 객관적인 수치를 곁들인 표나 그래프와 같은 사례도 주장의 설득력을 높일 수 있다. "구체적으로 말씀을 드리자면." "~의 경우를 보자면."과 같은 말로 이야기를 시작하면 된다.

Point Again요점 반복은 결론을 한 번 더 이야기하는 것이다. 이는 전체 내용을 보다 명확하게 정리해주고 설득에 마침표를 찍게 해준다. 이는 처음 주장을 반복함으로써 내용을 강조하는 효과를 내기도 한다. 그리고 처음 내용과 마지막 내용을 동일하게 함으로써 전체 이야기의 구조를 탄탄하게 보이게 한다. 보다 논리적이고 설득력 있는 이야기 구조가 가능해진다.

"팀장님, 회사 소속 운동선수들의 교통비와 식비를 지금보다 50% 상향 조정하려고 합니다. (요점) 이번 간담회를 통해서 운동선수들의 고충을 들어봤을 때 실비 지급에 대한 불만이 가장 컸기 때문입니다. (이유) 지금 지급 기준은 3년 전에 머물러 있습니다. 실제 최근 교통비와 식비 물가를 조사해봤을 때 현재보다 50% 상향 조정하는 것이 합리적입니다. 최근 물가 상승과 더불어 식대비 조정이 가장 시급하다고 판단된 자료들입니다. (사례) 이에 따라 회사 소속 운동선수들의 교통비와 식비 지급 기준을 상향 조정하는 것에 대해 최종 확인받으려 합니다." (요점 반복)

이렇게 보고받는다면 직원의 보고에 관심이 가지 않을까? 참 일 잘하는 직원이라는 생각이 들 것이다.

일상적인 대화에서도 결론부터 이야기해주는 것이 좋다. 누군가가 당신에게 모임 또는 식사 자리를 권했다고 가정해보자.

A : 이번 주 금요일에 간담회가 있는데, 같이 갈래?

B : 금요일? 누가 오는데?

A : 아마 ○○이랑 ○○이가 올 것 같아.

B : 뭐에 대한 내용인데?

A : '조기 교육의 적절한 시기'라는 주제래.

B : 어디에서 하는데?

A : 아직 미정이래.

B : 시간은?

이처럼 참석 여부에 대한 대답은 없고 끊임없이 추가 정보를 바라면, 권하는 입장에서는 기분이 좋지 않다. 이와 같은 대화가 한참 오간 뒤에 "아무래도 안 되겠다."라고 뒤늦게 거절하면 상대방은 더욱 불쾌하다.

따라서 이럴 때도 결론부터 이야기해주는 것이 좋다. 별다른 일정이 없다면 "갈게요."라고 결론부터 밝히는 것이 바람직하다. 그러고 난 뒤에 마음에 걸리는 부분들을 추가 질문하면 된다.

"갈게요, 그런데 그날 병원 진료 예약이 있어서 시간부터 확인해야할 것 같아요. 시간이 어떻게 될까요?

"갈게요, 그런데 어떤 분들이 오나요? 솔직히 조금 걱정돼서요. 불편한 사람이 있거든요."

만약 바로 답하기 힘든 상황이라면, "확답을 못 드리겠어요. 그날 일정이 확실하지가 않아요. 일정이 나오면 바로 연락드릴게요."라고 결론을 먼저 이야기해주는 것이 좋다. 못 가는 경우도 마찬가지다.

"죄송하지만 그날 다른 일정이 있어요."라고 먼저 말하면 상대방도 불쾌감을 느끼지 않고 다음번을 기약할 것이다.

결론보다 이유를 먼저 설명하면 변명처럼 들리게 된다. 듣는 입장에서는 "무슨 이야기를 하려고 서론이 저렇게 길지?"라고 받아들여지기 때문이다.

상대가 결론도 듣기 전에 방어적 자세를 취하게 하지 말자. 그러기 위해 말할 때는 결론부터 말하는 연습을 하자. 결론으로 상대의 집중도를 높인 후에 차분히 근거를 풀어내자. 그러면 당신의 이야기에 호기심을 가지고 끝까지 듣게 될 것이다.

일 잘하는 사원이 되려면, 말 잘하는 사람이 되려면, 누군가를 잘 설득하고 싶다면 결론부터 이야기하자.

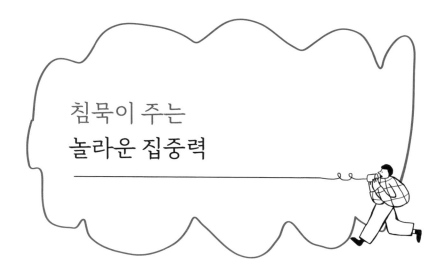

침묵이 주는
놀라운 집중력

초등학교 교실은 원래 시끌벅적하다. 선생님이 몇 번씩이나 "조용히 하세요."라고 이야기해도 좀처럼 소란한 분위기가 가시지 않는다. 이런 경우에 선생님들은 아무 말도 않고 침묵을 지킨다. 어느 정도 시간이 흐르면서 아이들은 한두 명씩 선생님이 아무 말도 하지 않고 가만히 있다는 사실을 알아차리기 시작한다. 그 즉시 아이들끼리 눈빛이 오가고 선생님에게 주목한다.

대부분의 사람들은 한마디의 말을 듣는 것보다 침묵에 의해 더 많은 것을 알아차린다. 그리스 철학자 플루타르코스는 침묵에 대해 이렇게 말했다.

"때를 얻은 침묵은 지혜이며, 그것은 어떤 웅변보다도 낫다."

특히 대화 도중의 침묵은 상대의 관심을 집중시키고, 이야기에 힘을 실어 준다. 침묵을 잘 활용하면 감정을 더 효과적으로 전달한다.

2011년 미국 애리조나 주에서 총기 난사 희생자 추모식이 있었다. 이 추모식에서 버락 오바마 미국 전 대통령의 연설은 미국인들의 가슴을 울렸다. 이 연설은 침묵을 통한 공감이 얼마나 큰 메시지와 힘이 있는지를 보여준다.

"나는 미국의 민주주의가 크리스트나가 꿈꾸던 것과 같았으면 좋겠다고 생각합니다. 우리 모두는 어린이들이 바라는 나라를 만들기 위해 최선을 다해야 합니다."

이 말을 한 후 오바마는 10초 동안 침묵했다. 그리고 시선을 돌린 후 심호흡하며 눈을 깜빡였다. 약 50초 이상 침묵이 흘렀다. 추모식장은 순식간에 슬픔으로 가득찼다. 그 어떤 말도 아닌, 침묵이 가지고 온 슬픔이었다. 오바마 전 대통령은 말로는 표현할 수 없는 슬픔을 침묵으로 표현했다. 그리고 청중은 침묵을 통해 유가족의 아픔을 공감했다.

말 잘하는 사람들은 침묵을 적절히 활용할 줄 안다. 연설 도중 말을 삼키고 침묵하게 되면 청중들의 관심은 집중된다. 청중들은 그다음 말을 기다린다. 이와 관련하여 구소련의 심리학자 자이가르니크는 '자이가르니크 효과'를 입증했다. 첫사랑은 잊을 수 없는 것처럼 미완성 과제에 대한 기억이, 완성 과제에 대한 기억보다 더 강하게 남는 현상을 뜻한다.

그래서 레스토랑의 웨이터는 아직 계산되지 않는 테이블에 더 신경 쓰고, 아무리 적은 액수라도 빌려주고 받지 못한 돈에 미련을 두고, '미완성'으로 남은 첫사랑을 더욱 잊지 못하고 오랫동안 기억한다는 것이다. 자이가르니크 효과를 사용하면 화자에게 별 관심이 없던 고객의 관심도 집중시킬 수 있다.

첫 번째는 대화의 클라이맥스 부분에서 멈추는 것이다.

"이번에 프로모션 중인 제품을 구매하시면 두 가지 혜택을 드리고 있습니다. 그중에서도 특히 여성 고객님이 좋아하시는 혜택은……. 고객님, 추우시죠? 일단 따뜻한 차 한 잔 드시면서 들으세요."

'가장 좋은 혜택이 뭘까' 하며 기대감을 올랐던 고객은 순간 당황한다. 그리고 그 상품과 혜택에 대해 궁금증이 더욱 증폭된다.

두 번째는 대화를 끊고 다음으로 연기하는 것이다.

"시간을 너무 뺏은 것 같아서, 오늘은 여기까지만 말씀드리겠습니다. 궁금하신 부분들은 다음번에 자세히 말씀드리겠습니다."

이렇게 미완으로 설명을 남겨놓으면 고객의 마음속에는 깊이 각인된다. 아직 고객의 판단이 끝나지 않았다. 그 고객은 판단을 끝내기 위해 뒷이야기가 너무 궁금하다. 마치 주말 드라마처럼 너무 궁금해서 다음 주말이 기다려지는 것처럼 말이다.

자이가르니크 효과에서 벗어나기 위해선, 어떤 일을 시작했으면 되도록 결말을 짓는 게 좋다. 그렇지 않으면 계속 그 일이 머리에 남아 다른 일에 몰입하는 것을 방해한다.

현재 그리고 앞으로 살아갈 날들을 위해서는 가급적 자이가르니크 효과를 겪지 않는 게 좋을 텐데, 그러기 위해서 주어진 매 순간 최선을 다해 일을 꼭 마무리 짓고 넘어가도록 노력해야 한다.

'침묵'은 목적에 따라 몇 가지 종류로 나눌 수 있다.

① **'여운을 주는 침묵'이다.** 이때의 침묵은 상대에게 감동을 준다. 앞서 이야기했던 총기 난사 희생자 추모식에서 진행된 버락 오바마 대통령의 연설이 그러하다.

그는 말로는 다할 수 없는 슬픔을 침묵으로 표현했다. 그리고 청중들은 침묵으로 전해지는 깊은 슬픔에 공감했다. 이 연설에 대해 AFP통신은 이렇게 평했다.

"취임 후 가장 큰 정치적 상승 가운데 하나다."

② **'기대하게 만드는 침묵'이다.** 이때의 침묵은 앞으로 어떤 이야기가 나올지 궁금증을 유발한다. 옛날이야기를 재미있게 하는 화자들을 보면 이야기의 클라이맥스에서 침을 꼴깍 삼키며 잠시 침묵한다. 그 잠시의 침묵 동안 궁금증은 하늘을 찌른다. 그렇게 궁금증을 한껏 올려놓고 다음 이야기를 이어 간다.

(두 친구가 음식을 먹으며 대화하고 있다)

A : 나 오늘 ㅇㅇ이를 만났는데, 정말 멋있어졌더라.

B : 그래? 많이 변했어?

A : 응. 잠깐 대화했는데, 세상에 우리도 그건 좀 배워야겠더라.

B : 응? 뭘 배워?

A : 그게 뭐냐면……. (오물오물)

B : 그만 먹고 말해봐!

③ **'생각할 시간을 주는 침묵'이다.** 이는 상대방에게 대화 주제에 대해 생각할 시간을 주는 역할을 한다.

"이번 교육 정책에 대해 어떻게 생각하십니까?"

화자가 던진 화두에 대해 생각할 시간을 주는 침묵이다. 이러한 종류의 침묵은 청자가 수동적으로 내용을 듣는 입장에서 잠시 벗어나게 해준다. 적극적으로 화자가 던진 주제에 대해 생각해보고, 자신의 입장을 정리하거나 알고 있는 내용을 떠올리게 한다. 이 침묵 이후 청자들의 집중력은 훨씬 달라진다.

④ **'분노를 다스리는 침묵'이다.** 때로는 표현하는 분노보다 침묵이 더 무서울 때가 있다. 잠깐 어린 시절로 되돌아가보자. 잘못했을 때 큰소리로 야단치던 엄마와 조용히 날 쳐다보던 엄마, 둘 중에 어느 경우가 더 긴장되고 무서웠는지 말이다.

상대방과 갈등이 있을 때 큰 소리로 주장하기보다 잠깐 침묵으로 그 상황을 바라보자. 상대방의 목소리가 들리기 시작할 것이다. 그리고 상대방은 나의 침묵에 흥분을 가라앉히고, 나에 대한 무게감을 느끼게 될 것이다.

침묵을 잘 활용하면 이야기를 더욱 맛깔나게, 감정을 더 풍부하게 만들 수 있다. 침묵은 말하지 않는 것이 아니라, 소리와 단어가 없는 또 다른 말이다. 어떤 경우에는 소리가 있는 말보다 더 강한 힘을 가진 언어가 바로 침묵이다.

지식의 저주,
너는 왜 내 맘을 모르니?

리더는 일을 '잘하는' 것보다 부하에게 '맡기는' 능력이 뛰어나야 한다. 그런데 일을 잘하는 사람일수록 이 '맡기는' 것을 제대로 하지 못하는 경우가 많다. 자기 같으면 간단히 해치울 일을 부하가 끙끙대며 시간만 끌고 있으면, "그런 것도 제대로 못하고 뭘 하고 있는가."라고 들들 볶거나 잔소리를 해댄다. 마침내는 "내가 하는 편이 빠르겠어."라고 일을 빼앗아 버린다.

그러나 서투르다고 해서 일을 맡기지 않으면 부하의 능력은 언제나 그 자리에 머물고 만다. 인재를 제대로 기를 수 없는 것은 두말할 필요가 없다. 이것은 곧 리더의 지도력과 관리 능력이 부족하다는 것을 의미한다. 리더로서는 실격이다.

부하 직원의 업무 능력을 높여 주는 팀장의 말투가 있다. 부하 직원과 상사는 업무에 대한 정보의 범위가 다르다. 경험치가 다르기 때문이다. 이럴 때 상사는 부하 직원의 눈높이에 맞춰서 구체적으로 업무를 지시해야 한다.

"알아서 잘 처리하겠지."라는 판단은 금물이다. 원하는 바를 구체적으로 지시하자. 그래야 부하 직원은 헤매지 않고, 상사도 한 번에 원하는 결과를 얻을 수 있다.

상사 : ○○씨, 이번 간담회 결과 설문지 양식 좀 만들어주세요.

직원 : 네, 어떻게 만들면 될까요?

상사 : 너무 글이 많으면 답변하기 싫어지니까, 적당히 알아서 잘 만들어보세요.

상사 : ○○씨, 이번 간담회 결과 설문지 양식 좀 만들어주세요. 설문지는 향후 이런 행사에 방향을 잡아가는 데 중요한 지표가 되니까, 꼭 필요한 질문들을 넣어야 해요.

직원 : 네, 어떻게 만들면 될까요?

상사 : '간담회를 알게 된 경로', '간담회의 주제는 유익했는지' 이 두 가지 질문은 꼭 넣어주세요.

직원 : 네.

상사 : 그리고 서술식 답변보다는 객관식 답변을 만들어주세요. 작년 행
　　　사 후 설문지 양식 참고해서 만들면 도움이 될 거예요

직원 : 네, 알겠습니다.

　당신이 직원이라면 어느 편의 업무 지시가 더 도움되겠는가? 업무를 지시할 때는 "알아서 잘 처리하세요."라고 추상적으로 지시하면 안 된다. 이것은 무책임한 업무 지시다. 부하 직원은 업무의 성격과 목적을 상사만큼 자세히 알지 못한다. 그런데 어떻게 상사 마음에 쏙 드는 업무 처리를 할 수 있겠는가.

　'지식의 저주'라는 용어가 있다. 사람이 무엇을 잘 알게 되면 그것을 모르는 상태가 어떤 것이었는지 상상하기 어렵게 된다는 뜻이다. 이는 미국 스탠퍼드 경영전문 대학원 교수 칩 히스가 의사소통 문제를 설명하며 자주 언급한 개념이다. 즉 자기가 알고 있는 지식을 다른 사람도 당연히 알 것이라는 고정관념에 사로잡히는 현상을 말한다.

　미국의 심리학자 엘리자베스 뉴턴은 '지식의 저주'와 관련해 재미있는 실험을 진행했다. 그는 실험에 참가한 사람들을 '두드리는 사람'과 '듣는 사람'의 두 무리로 나눴다.

　'두드리는 사람'은 생일 축하 노래나 미국 국가 등 익숙한 노래가 적힌 목록을 받았다. 그들은 목록에 적힌 노래 중 하나를 골라 리듬에

맞춰 테이블을 두드려야 했다. 반면 '듣는 사람'은 두드리는 소리를 듣고 노래의 제목을 맞춰야 했다. 이때 두드리는 역할을 한 사람들에게 상대방이 정답을 맞힐 확률을 예측하게 했다. 그러자 이들은 50% 정도를 예측했다. 그런데 실제 실험 결과는 2.5%만 노래 제목을 맞췄다.

이것이 지식의 저주 실험이다. 두드리는 역할을 한 사람들은 노래를 아는 상태에서 테이블을 두드렸기 때문에 상대방도 쉽게 맞힐 수 있을 거라 착각한다. 그러나 듣는 역할을 하는 사람에게는 그저 탁자를 두드리는 소리일 뿐이었다.

지식의 저주 상황은 일상생활에서도 자주 볼 수 있다. 교사는 학생들도 자신이 아는 만큼 이해했을 것이라, 직장 상사는 부하 직원이 자신의 지시를 다 알아들었을 것이라, 아내는 남편이 자신의 상황을 다 알고 있을 것이라, 사람들은 자신이 아는 만큼 상대도 알 것이라고 착각한다.

상사는 자신의 지시에 책임을 질 의무가 있다. 따라서 지시를 내릴 때는 부하 직원이 제대로 일할 수 있도록 명확하게 지시해야 한다. 예를 들어 보고서를 쓰라고 지시했다면 처음부터 부하 직원에게 원하는 보고서의 내용과 양식에 대해 알려줘야 한다. 그러면 직원은 보고서에 포함해야 할 내용과 포함하지 않아도 될 내용을 정확하게 이해하고, 상사가 원하는 보고서를 작성할 것이다. 정확한 업무 지시는 상사의 역량이자 부하 직원을 향한 배려다.

또한 상사는 업무 지시나 제안할 때, 추상적 개념보다는 구체적인 숫자를 제안하는 게 좋다. "우리 짧게 회의합시다."라고 제시하기보다는 "30분 이내로 회의를 마칩시다. 그리고 1시부터는 각자 자기 일을 하도록 합시다."라고 제시하는 게 훨씬 명확하다. 부하 직원에게 면담을 제안할 때도 "ㅇㅇ씨, 잠깐만 이야기합시다."보다는 "ㅇㅇ씨 5분만 이야기합시다."라고 말하면 부하 직원도 시간을 가늠하며 업무를 처리할 수 있다.

하지만 여기서 주의할 점이 있다. 구체적인 업무 지시는 분명 중요하지만 그 구체성이 자기 결정권을 침해하지는 않아야 한다. 즉 처음부터 끝까지 모든 것을 시시콜콜 알려 주는 업무 지시는 오히려 반감을 낳을 수 있다.

구체적인 업무 지시는 하되, 부하 직원이 스스로 판단하고 결정할 수 있는 결정권 또한 남겨줘야 한다. 그렇다면 조금 더 현명하게 업무 지시를 할 수 있는 방법을 살펴보자.

첫째, 부하 직원에게 그 일의 '의미'를 부여한다.

둘째, 그 업무가 직원과 어떤 연관이 있는지를 밝힌다.

셋째, 그 업무에 대해 회사와 상사 차원에서 지원해줄 수 있는 사항을 알려줘야 한다.

넷째, 업무 완료 시점을 명확하게 지시한다.

다섯째, 그 업무를 통해 직원이 얻을 수 있는 성취와 혜택을 알려 줌으로써 비전을 보여준다.

리더는 구성원들을 이끌고 가는 사람이다. 구성원들의 힘을 하나로 모아서 최선의 결과를 만들어낼 수 있도록 진두지휘해야 한다. 그러기 위해서 리더는 지식의 저주에 빠지지 않도록 늘 경계해야 한다.

나는 말했는데 상대가 알아듣지 못했다면 말하지 않은 것과 다름없다. 그러니 내가 무엇을 의도했는지, 일을 어떻게 처리해줬으면 하는지를 명확하게 말하자.

'일은 부하에게 맡기고 책임은 내가 진다.'

리더는 이런 생각을 항상 가지고 있어야 한다. 할 일이 없으면 낮잠이나 푹 자두는 것도 그리 나쁘지 않다.

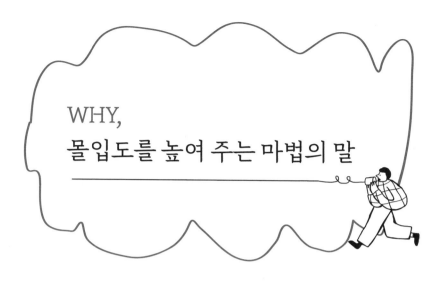

WHY, 몰입도를 높여 주는 마법의 말

우리는 어떤 일을 할 때 'Why'보다는 'What'에 집중하는 경향이 있다. '왜' 해야 하는지가 아니라 '무엇을' 해야 하는지에 집중한다. 그러나 멀리 가려면 'What'이 아닌 'Why'에 집중해야 한다. 왜 그 일을 하고 있는지가 명확해야 큰 그림이 그릴 수 있다. 큰 그림과 목적에 따라 일의 우선순위가 바뀐다. 그리고 당장 눈앞의 작은 일이 잘못되더라도 처음의 큰 그림을 향해 다시 수정하며 나갈 수 있다.

직원들에게 일을 지시할 때도 마찬가지다. 무엇을 해야 하는지를 지시하기에 앞서, 왜 해야 하는지를 함께 공유해야 한다. Why는 일의 목적이고 비전이다. 직원들에게 일의 목적을 공유하면 모두가 일의 핵심을 향해 노력할 수 있다.

예를 들어 "이 나무를 예쁘게 다듬어 주세요."라고만 하면, 그 일은 단순한 조경이 된다. 하지만 "우리는 지금 세계에서 가장 아름다운 정원을 만들 것입니다."라고 하면 그 일은 미션이 된다. 이 정원을 꾸미기 위해 모인 사람들은 각자 다른 일을 하고 있지만, 사실은 하나의 일을 하는 것이다. 리더는 구성원들에게 일의 가치와 비전을 보여 줄 수 있어야 한다.

아내 : 여보, 양파랑 파프리카 좀 다져 줄래?

남편 : 얼마큼 잘게 다질까?

아내 : 이만큼 크기로 하면 돼.

남편 : 양은 얼마나 다져 놓을까?

아내 : 여보, 우리 오늘은 피자 만들어 먹자. (Why)

남편 : 같이할까?

아내 : 응, 피자에 들어갈 양파랑 파프리카 좀 다져 줄래?

남편 : 응.

위 대화에서 첫 번째 상황은 남편이 자꾸 아내에게 묻게 된다. 일의 목적과 이유도 모른 채로 부분에 해당하는 업무만 지시받은 상황이다. 아내는 업무 지시가 명확했다고 생각할지도 모른다. 하지만 남편 입장에서는 영혼 없는 칼질이 될 뿐이다. 어느 정도의 크기로 얼마나 다져야 할지 도통 감이 오지 않는다.

두 번째 대화에서는 아내가 남편에게 일의 목적을 먼저 공유한다. 그러자 부분의 일을 맡은 남편도 큰 그림을 함께 그려 가며 일하게 된다. 굳이 일일이 묻지 않아도 일을 진행할 수 있게 되었다.

1950년대 한국에 주둔했던 미군은 유엔군 묘지 단장 공사를 진행할 회사를 찾고 있었다. 여기에는 한 가지 조건이 있었는데, 묘지에 푸른 잔디를 깔아야 한다는 것이었다. 많은 기업이 관심을 가졌으나 조건을 듣고는 입찰을 포기했다. 우리나라의 한겨울 날씨에는 푸른 잔디가 자랄 수 없기 때문이었다.

그런데 한 젊은 사업가가 미군에게 "왜 한겨울에 푸른 잔디를 깔려고 합니까?"라고 질문했다. 미군은 "아이젠하워 대통령이 곧 한국을 방문하는데, 이때 푸른 묘지를 보여주기 위해서다."라고 대답했다. 젊은 사업가는 이 대답을 듣고 바로 공사를 진행했다. 목적이 그것이라면 굳이 잔디가 아니어도 되었다. 그는 잔디 대신 겨울에도 잘 자라는 보리를 묘지에 심었다.

Why 하나로 생각지도 못한 결과를 만들어낸 사업가가 바로 현대의 정주영 회장이다.

이렇듯 일의 목적을 알아야 큰 그림을 그릴 수 있다. 업무를 지시할 때 Why가 중요한 이유다. 일의 핵심을 공유해야 구성원들이 방향을 잃고 헤매지 않을 수 있다. 그래야 구성원들의 업무 역량도 높아진다. 즉 Why는 구성원들의 시간과 열정을 한 곳으로 집중시켜 주는 핵심 열쇠다.

A : 이번 달부터 한 달에 한 곡씩 아이들에게 팝송을 가르쳐주는 게 어떨까요?

B : 수업만으로도 시간이 빠듯한데, 언제 가르쳐주면 될까요?

A : 한 달에 두 번 수업 시간을 할애해서 팝송 데이를 넣읍시다.

B : 학부모님들이 싫어하지 않을까요.

A : 왜 싫어하죠?

B : 수업 시간을 뺏는 거니까요.

A : 이번 달부터 한 달에 한 곡씩 아이들에게 팝송을 가르쳐주고 싶습니다. 영어로 즐겁게 무언가를 흥얼거리는 아이들로 키워 주고 싶어요. (Why)

B : 그렇다면 이왕 배우는 거 아이들이 확실히 알았으면 좋겠습니다. 한 달에 한 곡보다는 두 달에 한 곡으로 해서, 아이들이 완벽히 알았으면 좋겠습니다.

A : 좋은 생각이에요. 그럼 수업 시수에 대해 논의해봅시다.

B : 한 달에 두 번씩, 총 4번 수업을 진행하면 충분할 것 같습니다.

A : 수업 시간을 많이 뺏는 건 아닐까요?

B : 수업 시간 중 10분씩만 할애하면 될 것 같습니다.

Why가 아닌 What을 지시했을 땐 걱정이 많아졌다. 일의 목적보다는 그 일 자체가 가지고 올 다른 여파들을 생각하게 되는 것이다. 하지만 Why를 알려줬을 땐 회의 분위기가 달라졌다. 목적을 이루기 위해 모두 한배를 타고 적극적으로 방안을 마련했다.

애플의 혁신 또한 스티브 잡스의 Why에서 출발했다. 잡스는 초창기에는 부하 직원들에게 명령하기 좋아했고, 실행을 강요했다. 잡스가 그리고 있는 전체 그림을 보여주기보다는 업무의 부분들을 지시했다. 그 과정에서 갈등이 많았다. 스티브 잡스는 많은 갈등을 겪으며 변화했다. 그는 자신이 하려는 것에 대해 구성원들을 이해시키려고 노력했다.

왜 그 일을 해야 하는지, 왜 자신이 그렇게 생각하는지, 무엇을 이루고 싶은지를 설명하는 데 많은 시간을 할애했다. 애플 구성원들이 하나의 그림을 보고 명확히 몰입하게 했다.

최근 밀레니얼 세대를 중심으로 두 개 이상의 직업을 가진 사람을 일컬어 N잡러N-Jober라고 부른다. N잡러는 다른 말로 멀티잡Multi-job이라 할 수 있다. 이는 기존에 알려진 생계를 유지하기 위한 투잡Two-job

과는 궤를 달리한다. 그들은 개인의 자아실현을 더 중시한다.

특히 MZ 세대들은 기존 세대보다 더 가치 지향적이다. 이들은 자기 일에 가치와 의미를 부여한다. 그들에게 일이란 생계 수단이기도 하지만, 그보다는 자신의 존재 가치를 담는 수단이기도 하다. 직장생활을 하면서도 저녁에는 필라테스 강사로, 바텐더로 근무하는 사람들이 그러하다. 그들에게는 무엇을What 하느냐 만큼이나 왜Why 하느냐가 중요하다.

그래서 이들은 직장 내에서도 일의 의미가 부여되어야 한다. 일의 의미가 곧 자신의 가치기 때문이다. 그래서 그들은 때때로 "왜요?"라는 질문을 던진다. 위에서 시키는 일을 잘 해내는 게 중요했던 기성세대들은 당황스럽다. 반항 내지는 저항 같아서 기분이 언짢다.

하지만 이들은 반항하는 게 아니라 궁금한 것이다. 이 일의 의미가 무엇이고, 그 일을 통해 나는 어떤 가치 있는 사람이 될 수 있는지를 묻는 것이다. 그러니 이들에게 업무 지시를 할 때는 더더욱 'Why'를 상기시켜 주도록 하자.

피드백은
섬세한 대화의 기술이다

부하 직원에게 상사의 피드백은 매우 중요하다. 직원은 자신이 하는 일을 상사로부터 인정받고 싶어 한다. 상사는 직원과 함께 팀을 이뤄 일을 이끌어 가는 선장과 같은 존재다. 리더는 어떻게 피드백해야 할까?

건설적인 피드백을 위해 몇 가지 사항들을 유념하자.

첫째, 먼저 좋은 것부터 피드백한다. 피드백 내용에는 좋은 것과 수정해야 할 것이 함께 있을 수 있다. 이럴 때는 수정보다는 좋은 피드백으로 이야기를 시작하자. 그래야 상대가 마음을 열고 그 대화에 기꺼이 참여한다. 그다음 수정해야 할 내용을 전달했다면, 다시 긍정적인 말로 대화를 마무리해야 한다.

사람은 언제나 마지막 인상이 뇌리에 남는다. 아무리 힘든 경험이라도 마지막 5분이 즐거웠다면, 그 경험은 즐거운 경험으로 기억된다. 반대로 아무리 즐거운 경험이라도 마지막 5분이 고통스러웠다면, 그 경험은 힘든 경험으로 기억된다.

A : 이번 기획서도 아주 좋아요. 필요한 내용들이 군더더기 없이 잘 들어가 있네요.

B : 감사합니다.

A : 그런데 앞으로의 발전을 위해 ○○씨가 한 가지 기억했으면 하는 점이 있어요.

B : 네, 말씀해주세요.

A : 가끔씩 지각을 하더군요. 근태 사항은 성실도와 직결됩니다.

B : 앞으로 그 부분 명심하겠습니다.

A : 앞으로도 기대를 가지고 지켜볼게요.

둘째, 피드백할 때는 사실에만 초점을 둬야 한다. 피드백은 직원의 업무 능력을 향상시키기 위한 것이다. 그러므로 피드백은 사실에 초점을 두고 객관적인 언어로 전달되어야 한다. 그런데 우리의 피드백에는 감정이 실리는 경우가 많다.

예를 들어 고객 미팅에서 직원의 말실수로 일을 그르쳤다고 가정해 보자. 이때 사실에 기반한 피드백은 "○○씨, 오늘 말실수로 고객의 마음을 상하게 한 거 알고 있죠?"다. 하지만 감정이 실리게 되면 "○ ○씨, 내가 언젠가 큰 사고 칠 줄 알았어요. 생각 좀 하면서 말해요." 가 된다.

A : 오늘 말실수로 고객의 마음을 상하게 한 거 알고 있죠?

B : 네, 팀장님. 제가 어떻게 해야 할까요?

A : 일단 오늘을 넘기지 말고 고객에게 사과하세요. 그러면 그 뒷수습은 내가 하겠습니다.

B : 네, 팀장님. 죄송하고 감사합니다. 앞으로도 많은 가르침 부탁드립니다.

A : 내가 언젠가 큰 사고 칠 줄 알았어요. 생각 좀 하면서 말해요.

B : 죄송합니다.

A : 그놈의 죄송하다는 소리, 에이!

B : …….

A : 내가 알아서 할 테니, ○○씨는 그냥 가요.

B : 네, 죄송합니다.

셋째, 피드백에는 선택과 집중이 필요하다. 상사나 선배의 눈에는 직원에게 피드백할 부분이 수없이 많이 보인다. 하지만 피드백을 받는 입장에서는 한 번에 입력할 수 있는 양이 정해져 있다. 그러므로 꼭 필요한 내용을 선택하고, 그것에 집중해서 임팩트 있게 피드백해야 한다. 피드백의 내용이 길어지면 잔소리가 된다. 잔소리는 상대의 기억에 남지 않는다.

넷째, 피드백에는 대안이 있어야 한다. 개선할 점에 대한 피드백을 줬다면 지적으로 끝나면 안 된다. 피드백은 결국 직원의 행동을 수정하고, 더 나은 방향으로 이끌어 가기 위한 것이다. 그러므로 대안을 함께 제시할 수 있어야 한다. 대안이 함께 제시되었을 때, 직원은 그 피드백을 통해 변화하려고 노력한다.

A : 보고서 내용 중 숫자와 관련된 부분에서 반복된 실수가 보여요.

B : 네, 죄송합니다.

A : 큰 단위 숫자가 아직 익숙하지 않아서 그래요.

B : 제가 확인한다고 하는 데도 그렇네요.

A : 당분간은 보고서 작성이 끝나면, 바로 제출하기보다는 숫자와 관련된 부분은 다른 사람에게 1차 확인을 거친 후 제출해보세요.

B : 네, 알겠습니다.

다섯째, 피드백하기 전에 나의 감정을 살펴봐야 한다. 긍정적인 피드백은 그 즉시 하는 것이 좋다. 하지만 부정적인 피드백을 해야 할 경우에는 나의 감정 상태를 점검해보자. 나의 상태가 감정적일 때는 피드백에도 감정이 실릴 가능성이 높다. 그럴 때는 잠시 시간을 두고 감정이 고요해질 때를 기다리자.

잠깐이어도 좋다. 10분만 다른 일을 하며 생각을 전환하는 것만으로도 감정은 한결 고요해진다. 감정을 가라앉혀야 제대로 된 피드백이 가능하다. 10분 늦게 피드백한다고 큰일이 나지는 않는다.

기성세대들의 피드백은 주로 '잘했다, 잘못했다'를 기준으로 삼았다. 하지만 이제는 성적표 같은 피드백은 조직을 위해 도움되지 않는다.

피드백의 목적은 상대를 지적하기 위함이 아니다. 리더는 긍정적인 피드백으로 직원들에게 힘을 실어 주는 사람이다. 그리고 때로는 부정적인 피드백과 함께 대안을 제시함으로써, 직원들의 업무 능력을 향상시켜 줄 수 있어야 한다.

A는 최근에 부서의 여러 업무를 담당하면서 눈코 뜰 새 없는 하루를 보내고 있었다. 워낙에 많은 업무를 맡게 된 A는 매일 야근을 하다시피 했다. 그럼에도 A는 정작 팀장님이 중요시 생각하는 실적을 채울 수 없었다. A가 맡은 업무는 직원들을 챙겨야 하는 업무들이 상당수 포함되어 있었다. 그래서 정작 본인의 실적을 채울 겨를이 없었

던 것이다.

어느 날 아침 회의 시간이었다. 고약하기로 악명 높았던 팀장님이 직원들의 실적 보고를 받기 시작했다.

> 팀장 : ○○씨는 이번 주 실적이 어떻지?
>
> A : 팀장님, 이번 주는 실적을 다 채울 수 없었습니다.
>
> 팀장 : 어째서?
>
> A : 많은 업무를 한 번에 담당하다 보니, 직원들을 챙기느라 실적을 다 못 채웠습니다.
>
> 팀장 : 지나가는 똥개도 개뼈다귀를 던져주면 지금 먹을까 나중에 먹을까 생각하며 먹는데, 하물며 사람이 어떤 업무가 더 중요한지 생각도 안 하고 일합니까!
>
> A와 동료들 : ……. (할 말을 잃는다)

정말 무자비한 팀장이다. 그렇기에 직원들은 팀장의 눈 밖에 나지 않으려고 죽기 살기로 실적을 올릴 것이다. 하지만 이 조직이 과연 건강한 조직이라고 할 수 있을까?

구성원들의 존경을 받는 리더들은 다섯 가지 특징이 있다.

① 존경받는 리더들은 상대를 존중하는 말을 사용한다. 사람은 누구나 자신의 존재를 인정해주는 사람과 함께하길 원한다. 리더가 독

재자로 군림하지 않고 구성원을 존중할 때, 구성원들은 마음으로 그를 따른다. 그리고 본인들이 존중받는 만큼 리더를 존중한다.

"○○씨, 다른 직원들이 기피하는 힘든 업무들을 맡아 줘서 고맙습니다." "○○씨 덕분에 다른 직원들이 한결 편하겠어요." "업무를 이렇게 많이 맡을 수 있다는 건 ○○씨의 능력을 방증하는 거죠."

② 존경받는 리더들은 열린 마음으로 모두를 품는다. 존경받는 리더들은 처음부터 프로일 수 없기에 실수할 수 있다고 인정한다. 그래서 일의 시시비비를 가리기보다는 해결책에 집중한다. 이런 포용력 있는 리더와 함께 일하는 구성원들은 자신의 일에 자신감이 생긴다. 실수를 두려워하지 않기 때문이다. 그리고 실수했을 때는 리더와 머리를 맞대고 해결책을 찾는 데 집중한다.

한 직원의 일화다. 입사한 지 얼마 되지 않은 어느 날, A는 소프트웨어 프로그램을 다루다가 컴퓨터를 망가뜨리고 말았다. 그 사고로 힘들게 만들었던 모든 데이터가 날아갔다. 잔뜩 위축되어 겁먹고 있던 그에게 팀장은 말했다.

"처음부터 잘하는 사람은 없지요. 이런 일을 대비해서 항상 데이터를 저장하며 일하는 습관을 들여야 합니다. 힘들겠지만 좋은 공부했다고 생각하고 자료들을 다시 만들어보세요. 그리고 같은 실수를 하지 않으면 됩니다."

③ 존경받는 리더들은 구성원들에게 지속적인 관심을 표현한다.

리더는 평소에 구성원들에게 작은 것에도 관심을 표현해야 한다. 리더가 자신에게 관심을 가지고 있다는 사실은 구성원들에게는 큰 힘이 된다. 어린아이가 지속적인 부모의 관심을 받으며 긍정적 태도가 강화되어 가듯이, 구성원들 또한 리더의 지속적인 관심을 받을 때 긍정적으로 업무에 몰입하게 된다.

"지난달보다 훨씬 성장했군요."

"보고서가 나날이 발전하고 있어요. 잘하고 있어요."

"항상 일찍 출근해서 준비하는 모습이 보기 좋습니다."

"늦게까지 야근을 자처하면서도 일을 꼼꼼하게 해주니, 늘 든든합니다."

"고객 상담 기법이 일취월장했군요."

이런 관심의 표현은 인사말에 한마디만 덧붙여도 충분하다.

"좋은 아침입니다. 어제도 늦게까지 고생했죠?"

"고마워요. 역시 이번에도 손댈 곳 없는 보고서입니다."

"안녕하세요. 오늘 얼굴이 아주 밝은데요, 좋은 일 있나요?"

"좋은 아침이에요. 감기는 좀 어때요? 아픈 데도 쉬지도 못하고 고생 많아요."

④ **리더의 말은 '참견'이 아닌 '참여'여야 한다.** 참견과 참여는 미묘한 차이가 있다. 리더는 이 경계를 잘 지켜야 한다. 업무의 구체적인 방향을 제시해주는 건 좋다. 하지만 1부터 100까지 모든 걸 알려 주

는 건 참견이다. 업무의 방향성과 구체적인 방법들을 제시했다면, 큰 틀 안에서 구성원들의 자율권을 인정해줘야 한다.

도저히 참견과 참여의 경계선을 구분하기 힘들다면, 이렇게 생각하면 된다. 구성원이 도움을 요청할 때 그때 비로소 도움을 주자. 그것이 참견이 아닌 참여다.

⑤ **존경받는 리더들은 구성원들의 말을 경청한다.** 현명한 리더는 입을 열기보다는 귀를 연다. 어렵게 제안한 신입사원의 아이디어를 함부로 묵살하지 않는다. 팀원의 미숙한 아이디어도 경청해주고, 그것으로부터 화제를 발전시켜 나간다. 리더의 경청을 통해 구성원들은 의견 내기를 주저하지 않게 된다.

내 눈에 가득,
'I see you'

5년 전쯤 한 학생의 모습을 잊을 수 없다. 초등학교 저학년이었던 그 아이는 부모님의 사정으로 아버지와 생활하며 가끔씩 엄마를 만나곤 했다. 아버지가 어찌나 애지중지 키우시는지, 아이는 늘 사랑으로 가득차 있었다.

조잘조잘 자신의 하루를 늘어놓는 아이가 너무나 사랑스럽게 보이던 날이었다. 분주하던 나의 시선이 잠시 그 아이에게로 멈춰졌다. 그리고 조잘거리는 입이 아닌, 그 아이의 깊은 눈을 바라보았다.

그 순간, 마음이 아려오기 시작했다. 귀로만 들었을 땐 일상적이었던 말들이, 눈에 담기 시작하니 느낌이 사뭇 달랐다.

"선생님, 오늘 학교에서 친구들하고 무슨 놀이 했는지 아세요?"

"선생님, 저 내일 아빠랑 놀러 가요. 너무 재미있겠죠?"

"선생님, 저 다음 주는 엄마한테 가서 하루 자고 올 거예요. 그러니까 저 결석했다고 속상해하지 마세요."

아이의 눈을 가만히 들여다보고 있으니, 조잘거리는 말들이 귀가 아닌 마음으로 들리기 시작했다. 그리고 갑자기 마음이 아려오기 시작했다.

'오늘 하루, 요 꼬맹이가 잘 버텨냈구나. 이렇게 많은 감정을 쏟아내고 싶었구나.'

아이의 표면적인 말 이면에 숨은 모든 감정이, 눈에 콕콕 박히는 듯했다. 내 눈에, 내 마음에 가득 담은 아이의 말에 나는 뭐라고 답해줄 수 있을까? 절대 가볍게 대답할 수 없다.

그 이후 나는 아이들의 말을 들을 땐 분주하던 눈길을 잠시 멈추고 아이의 눈에 시선을 맞춰 주려고 노력한다. 표면적인 말이 아닌, 아이가 정말 하고 싶은 그 말을 마음에 담기 위해서다.

누군가의 말을 귀가 아닌 눈에 담아보는 경험을 꼭 한 번쯤은 해보길 바란다. 사람을 바라보는 나의 태도가, 세상을 바라보는 나의 관점이, 누군가를 향한 나의 말이 변화하는 황홀한 경험을 할 것이다.

백 마디 말보다 한 마디 유머가 '더 큰 응원이 된다!'

The essence of Jewish humor
유대 5천 년, '탈무드 유머 에센스!'

박정례 편역 | 4·6판 | 248쪽 | 값 12,800원

———— " 아래는 어떤 유머에 실린 'Insight'일까요? " ————

병이나 사고로 죽음의 문턱까지 갔다가, 다시 살아난 사람은 안다. 삶을 어떻게 살아야 하는지. 그래서 그들은 하나같이 자신보다는 남을 위해 산다. 삶과 죽음의 갈림길에서 그들은 무엇을 본 것일까?

항상 자신보다 남을 의식하며 살고, 남의 시선을 위해 사는 사람은 불행해진다. '남'을 의식할 때 '나'는 의식을 잃는다. 인간은 타인의 눈길에서 지옥을 경험한다.

사람들은 서서히 부자가 되는 것보다 당장 다음 주 복권에 희망을 건다. 하지만 부자가 되는 것은 아이의 키가 자라는 것과 같다. 서서히, 그러다가 어느 순간, 훌쩍 자라 있다.

지키고 싶은 것이 있는 사람은 힘이 세다. 그래서 소중한 것을 지닌 사람은 쉽게 해칠 수 없다. 돈이나 금붙이가 아니라 사랑하는 사람, 가족, 꿈 등 간절히 지키고 싶은 그 무엇이다.